완벽하고 성공적인 사업계획서의 정석

초보 창업자와 직장인을 위한
사업계획서 쓰는 법

완벽하고 성공적인 사업계획서의 정석

초보 창업자와 직장인을 위한 사업계획서 쓰는 법

차 례

들/ 어/ 가/ 며

왜 이 책인가?

여러분이 이 책을 원하는 이유는 아마도 함께 일할 사람에게 미래상을 설득력 있게 이야기하도록 도와줄 것이라고 생각했기 때문일 것이다. 인터넷에서 내려받은 양식으로는 그렇게 할 수 없다. 이런 양식은 정말 좋은 것도 많고 주요 사항을 대부분 포함하지만, 로봇처럼 정보를 채울 칸을 제공할 뿐이어서 종종 이야기를 들려주는 것을 방해한다. 정해진 칸에 색을 칠하는 것과 자기 그림을 그리는 것만큼 차이가 나는 것이다.

이 책은 여러분이 스스로 사업계획서를 작성하도록 도와주기 위해 탄생했다. 문서를 완성한 다음에 회계사나 마케팅 전문가

등에게 전문적으로 도움을 받아서 몇몇 요소를 덧붙일 수는 있지만, 계획서에 들어가는 주요 요소는 직접 작성해야 한다. 여기에는 두 가지 이유가 있다.

- 여러분은 사업계획서를 직접 설명할 수 있어야 하는데, 계획서를 준비하면서 빈틈없이 참여하지 않고는 무척 어려울 것이다.
- 계획서를 쓰다 보면 그 내용을 예리하게 다듬는 데 도움이 된다.

협력사나 미래의 투자자 앞에 앉았을 때, 계획을 다소 낯설게 느끼거나 생각지도 못했던 논리적 맹점을 발견해선 안 된다.

나는 사업계획서를 실제로 작성하려는 사람들에게 도와달라는 요청을 받곤 한다. 작문 실력에 자신이 없다면 도움을 구해도 좋다. 하지만 계획의 주인이라면, 즉 계획을 이용해서 설득하고 계획을 실행해야 하는 사람은 정말로 계획에 상당히 공을 들여야 한다.

> 몇 년 전에 나를 찾아왔던 기업가는 전형적으로 자문가를 잘못 이용한 사례를 보여주었다. 나는 그 기업가와 사업에 관해 이야기를 나눴지만 경악스럽게도 개략적인 아이디어밖에 알아낼 수 없었다. 내가 자세하게 질문할 때

마다 기업가가 모른다는 사실이 명확했다. 그래도 괜찮을 수 있다. 어떤 사람은 강력한 미래상을 제시하는 데 능숙하며, 자세한 내용을 다른 사람에게 위임하면서도 매우 성공하기도 한다. 하지만 이런 경우에는 세부 사항을 처리해줄 헌신적인 동업자가 필요하지 일당을 받고 일하는 전문 자문가가 필요한 것은 아니다. 자세한 내용이 중요하다. 미래상만으로는 충분치 않다. 아이디어가 위대하더라도 실제로 작동하지 않으면 전혀 쓸모가 없다.

이 책의 구조는 일반적인 사업계획서를 구성하는 요소들을 관통하는데, 여러분 계획에 등장할 만한 순서를 따르고 있다. 다만 책의 사례들은 참고용일 뿐이지 본보기 삼아서 아주 세세하게 따를 필요는 없다는 점에 주의하자. 여러분의 사업과 환경, 요구는 내 '표준 예시'나 사례가 기반으로 하는 것들과는 다를 수도 있으므로 여러분은 계획을 다르게 세우고 정리해야 할 것이다.

무엇을 위한 계획이고 읽는 사람은 누구인가?

이 두 가지에 대한 질문은 사업계획서를 어떻게 작성할 것인가를 정의한다. 계획을 세우기 전에 읽는 사람은 누구고 그 사람이 어떻게 반응하길 원하는지를 분명히 하자.

연습하기

- 목적을 정확하게 쓰기.
- 계획서를 보여줄 사람들을 묘사하고 이 사람들에게 어떤 사안을 설명해야 하는지 나열하기. 계획서를 작성할 때 이 목록을 이용하면 빠트린 내용은 없는지 확인할 수 있다.
- 예상 반응 범위와 여러분이 원하는 반응 써보기.

여러분은 사업계획서를 읽는 사람에게서 무엇을 바라나?

- 여러분의 새 아이디어나 기존 사업에 투자하길 원하나?
- 여러분 사업을 인수하길 원하나?
- 여러분과 합작 투자하길 원하나?
- 여러분의 제안을 수용하고 계약을 이행하길 원하나?
- 보조금이나 사업 허가를 내주길 원하나?
- 이사회를 설득해서 사업 방향을 바꾸길 원하나?

투자자를 찾는 중이라면, 위험을 적게 감수하면서 엄청난 이윤을 얻을 수 있다는 점에 집중해야 할 것이다. 하지만 모회사로부터 승인을 받으려는 중이라면, 전략적 사안은 무엇이고 그 밖에도 어떤 승인과 지원이 필요할지에 더 주의를 기울여야 할 것이다.

자금을 마련하려는 중이라면 여러분이 얼마나 경영을 잘 하는지 설명해야 하지만, 사업을 매각하고 은퇴하여 한적하게 살길 바란다면 절박하게 보여선 안 된다. 예를 들어 인수자를 유혹하려 한다면 다음을 강조해야 한다.

- 경영진의 장점
- 사업의 수익성
- 미래의 성장에 관한 긍정적인 전망
- 잠재적 인수자가 보유한 사업과의 적합성

규제 당국으로부터 보조금을 받고 싶다면 추가 조사를 해야 한다. 당국에서는 안내문에 투자 목적을 명시하여 제공할 수도 있다. 이 안내문을 구해서 여러분에게 자격이 있는지 확인하고 여러분의 사업계획서와 비교하면서 꼭 충족시켜야 하는 점이 있는지 점검하자. 당국에서는 여러분이 계획하는 프로젝트가 실행 가능한지 확인하려고 할 뿐 아니라 일자리 창출이나 지역사회

편익 같은 문제도 살펴볼 것이다. 어쩌면 여러분이 전통적인 방식으로는 자금을 마련할 수 없다는 점도 확인하려 할 수 있다.

자기 사업을 제대로 운영하기 위해 사업계획서를 작성할 수도 있다. 이럴 때는 목적이 구체적이다. 여러분이 생각한 아이디어를 집중시키기거나, 다른 사람에게서 아이디어를 얻거나, 팀원 모두가 똑같은 목표를 향해 헌신하도록 만들거나, 사업 계획을 조직 전체에 알리기 위해서일 것이다. 여러분은 경영 문제나 인재 개발처럼 비재무적인 목표에 더 집중할 것이다. 사업 전체와 부서별 목표를 정의하고 이렇게 더 큰 목표를 달성하려면 어떻게 해야 하는지 더 자세하게 다룰 것이다.

사업계획서를 쓸 때는 원하는 반응을 염두에 둬야 하는데, 거기에 따라 내용이 달라지기 때문이다. 같은 팀원에게서 반응을 얻고자 한다면, 앞으로 일어날 일을 전달하기만 하는 식이어선 안 된다. 미래의 합작 투자자가 계약서에 사인하길 원한다면, 그 투자자가 얻을 이익과 여러분이 계약을 통해 요구할 혜택을 강조해야 하는데, 여기에 대해서는 나중에 더 이야기하자.

누구에게 보여줄지 결정한 다음에는 그 사람을 염두에 두고 적절한 언어를 사용해서 계획서를 작성해야 한다.

> 나는 어느 연구 기관에서 작성한 학술활동 계획서를 읽었다. 가장 큰 문제는 내가 용어를 이해하지 못한다는 것이었다. 나는 지금까지도 그 연구원들이 어떤 일을 하는지 모른다. 연구원들은 좋은 아이디어를 냈다 하더라도 분명 현실 세계와 소통하지 못했다. (기업 재정가)

이런 사례는 극단적이긴 하지만, 여전히 중요한 교훈을 준다. 자본가는 간단명료하고 용어를 분명하게 설명한 문서를 선호하는 경향이 있다. 반면 장래 기술협력 파트너는 기술적인 세부 사항을 알고자 한다. 정부 부처에서는 비재무적인 공동체 이익에 관해 더 알길 바란다. 따라서 각 사례에 따라 다른 관점에서 계획서를 작성해야 할 것이다.

똑같은 계획서를 가지고 완전히 다른 상대에게 다른 메시지를 전달하려고 하면 안 된다. 소소한 수정을 거쳐서 상대방에게 딱 맞춰야 한다. 그러나 상대가 다르다고 해서 계획서를 완전히 다르게 작성해야 하는 것은 아니다. 첫째, 그러려면 할 일이 엄청나게 많고, 둘째, 여러 당사자가 만나서 각자가 받은 계획서 사이에 모순은 없는지 비교할 수도 있기 때문이다.

첫인상

좋은 첫인상을 남길 기회는 단 한 번이다. 그 기회를 잡아야 한다. 그러기 위해선 다음과 같은 사업계획서를 보여주어야 한다.

- 설득력 있다.
- 보기 좋다.
- 맞춤법, 문법, 숫자 오류가 없다.
- 주요 안건이 들어가 있다.
- 꼭 필요한 근거 자료를 담고 있다.

물론 처음에 거절당해도 다시 시도할 수 있지만, 그때는 더 어려울 것이다.

누군가 사업계획서를 가지고 여러분을 만나러 온다고 상상해보자. 그 사람은 열정과 패기로 가득 차서 사무실로 들어온다. 발표는 짧지만 유창하며 설득력 있고, 모든 사항을 다루고 있으며 사실에 근거한 듯해 보인다. 따라서 그 사람과 제안에 관해 좋은 인상을 받는다.

이제 반대로 상상해보자. 꾀죄죄한 모습으로 사무실에 들어와서, 지루하리만치 길게 발표하는 동안 말을 더듬거나 머뭇거리고, 실수를 저지르고, 중요한 질문에 대답도 못 한다. 이런 사람은 제안을 갈고 닦아서 다시 찾아온다 해도 두 번째로 만나기가 꺼려질 것이며 처음에 보여줬던 실망스러운 모습이 기억날 것이다.

여러분이 사업계획서를 보여줄 사람도 여러분과 다르지 않다. 첫인상을 좋게 받길 원한다. 연구에 따르면 우리는 사람을 만나고 약 15초 내에 어떤 인상을 받는다. 겉으로 보이는 인상이 매우 중요한 이유다. 제안을 설득력 있게 만드는 것도 훌륭하지만, 우선은 좋은 인상을 남겨야 그 제안이 얼마나 좋은지 보여줄 기회를 얻는다.

나중에 다루겠지만, 개요가 무척 중요한 이유도 마찬가지다. 개요는 계획서의 성패를 좌우한다.

여러분은 이야기를 들려줘야 한다

읽는 사람의 주의를 사로잡았다면, 이제 그 상태를 유지해야 한다. 여러분이 주도하는 프로젝트에 열의를 보이고 지원하도록 자극해야 한다. 여러분과 여러분 사업, 여러분이 하고자 하는 일에 관한 이야기는 매력적이다. 그 이야기를 그대로 들려주자. 기발한 아이디어와 성실함에 관한 흥미로운 이야기는 성공을 낳는다. 이야기에는 발단과 전개, 결말 있다.

- 발단 부분에서는 계획의 분위기를 조성하는데, 사업 배경과 경위, 윤곽, 경영, 시장 등에 관해 이야기한다.
- 전개 부분에서는 여러분 아이디어가 왜 특별한지 설명하고 제안 자체를 제시한다.
- 결말 부분에서는 계획을 실행할 때 필요한 것을 요청하고, 위험을 지적하되 어떻게 처리할 수 있는지도 설명하고, 보상을 강조한다.

독자는 이야기에 관심을 집중하면서 호기심과 상상력을 자극받는다. 이야기가 흘러가듯 사업계획서도 그래야 한다.

사업계획서가 두서없고 따라가기 힘들다면, 이야기가 그럴 때처럼, 사람들은 읽으려 하지 않을 것이다. 이 비교를 계속해보자. 여러분이 쓰려는 것은 소수 사람만 읽기 시작하고 더 소수만 끝까지 읽는 위대한 문학작품이 아니다. 여러분은 그리 길지 않은 대중소설을 써야 한다. 이상적인 길이란 없다. 전적으로 사업에 따라 다르다. 작은 사업도 복잡해서 설명이 많이 필요할 수 있으며, 큰 사업임에도 상대적으로 단순할 수 있다. 되도록 간결해야 한다는 점만 기억하자. 따라야 하는 규칙이 하나 있는데, 여러분이 쓴 계획서를 읽고 솔직하게 평가해줄 지인을 구하는 것이다. 여러분의 사업이나 시장에 관해 전혀 모르는 사람이 이상적이다. 그 사람은 중요 사안을 이해하고 여러분이 내민 제안을 흥미로워하는가?

소설책과 마찬가지로 읽는 사람이 줄거리, 장면 묘사, 등장인물을 기억할 수 있어야 한다. 여러분의 계획과 배경이 필수적인 만큼 계획을 실행할 사람들도 꼭 필요하다. 어떤 사람은 균형을 맞추지 못해서 시장이나 자기 자신이나 사업 이력에 관해서만 끝없이 쓰곤 한다. 이야기에 균형을 맞춰야 한다는 것을 기억하고 독자를 지루하게 만들지 말자.

역동적인 단어를 사용해라

사업계획서는 모험담이지 여행기가 아니다. 따라서 역동적인 단어를 최대한 많이 사용해야 한다. 이런 단어는 풍경을 묘사하기보다는 여러분이 언제 무엇을 할지 이야기한다. 피동문보다는 능동문을 쓰자.

예를 들어 '본 사업은 3년 차에 5개 나라에 20개 매장을 보유하게 될 것이다'보다는 '3년 차에 5개 나라에 20개 매장을 낼만큼 사업을 확장할 것이다'가 더 나은 표현이다. 누가 언제 무엇을 어떻게 하는지에 늘 초점을 맞추자.

가끔 상황을 설명해야 한다면, 사업계획서에서는 간결하고 능동적일수록 더 강력하고 설득력 있게 느껴진다는 점을 기억하자.

요약정리

- 간결하게 요점만 쓰고 반복을 피하자.
- 정말 중요한 사안에 집중하자.
- 역동적인 단어를 사용하자. 그러면 훨씬 강력하고 설득력 있으며, 의도와 자신감을 느낄 수 있다.
- 읽는 사람을 지루하게 만들지 말자.

프레젠테이션

보이는 것은 전부는 아니더라도 중요하다. 투자자는 멋진 문서를 보고도 투자하지 않을 수 있으므로, 허접하고 형편없이 쓴 것을 지원할 가능성은 거의 없다. 계획에 관해 충분히 생각하지 않은 것처럼 보이므로 쓰레기통에 들어가게 될 것이다.

크라우드 펀딩에 관한 연구에 따르면 맞춤법이 틀린 사업계획서는 모금에 성공할 확률이 13% 낮았다.

여러분이 작성한 제안서가 진가를 발휘하게 하자. 추가로 공을 들이자. 시간과 돈, 희망과 감정을 그 프로젝트에 투자했으니, 조금 더 노력을 쏟자.

- 사업계획서는 타자로 작성하자. 누구에게도 손으로 써서 건네지 말자.
- 질이 좋은 종이를 사용하자.
- 표지를 만들자.
- 쪽 번호를 매기고, 사업계획서가 서너 쪽을 넘어간다면 목차를 만들어서 해당 쪽을 정확하게 표시하자.
- 도를 넘지 않는 선에서 글씨체와 색을 다양하게 사용하자.
- 읽기 편하도록 조리 있게 정리하자. 제목을 달고, 자세한 내용은 부록으로 넣고, 깔끔한 서체를 이용하고, 읽기 힘들 정도로 작은 글씨는 피하고, 문단들을 널찍하게 배치하자.
- 중요한 상품, 장소, 공정 등에 관한 표나 사진을 보여줄 수 있다면 읽는 사람은 그 주제를 더 생생하게 느낄 것이다.
- 웹사이트가 있다면 화면을 캡쳐해서 보여주자.
- 맞춤법이 틀렸거나 비문이 있는지 점검하자.
- 숫자 실수를 점검하자.
- 목차에 페이지를 정확하게 썼는지 확인하자.

- 이전 원고나 나중에 작성할 원고와 헷갈리지 않도록 날짜를 시하자.
- 계획서를 제본하여 완성하자. 비용은 얼마 안 들지만 큰 차이를 만들 수 있다.

어떤 사람은 찾아보기 쉽도록 문단마다 번호를 매기기도 한다. 또 어떤 사람은 단계적으로 제목을 붙이길 좋아한다. 예를 들면 다음과 같다.

큰 제목

작은 제목

작은 제목 – 더 작은 제목

요점은 문서를 깔끔하게 만들어야 한다는 것이다. 동시에 문서를 멋지게 꾸미는 데 전력을 기울인 나머지 내용에 논리적 결점이 많이 생기거나 설득력이 떨어지게 해서는 안 된다.

사실과 증거

사람들은 사업계획서를 읽으면서 확신을 얻길 바라거나, 자기가 보고 있는 내용이 사실이라고 믿을 만한 증거를 찾는다. 따라서 사업계획서를 쓸 때는 최대한 곳곳에 증명 가능한 사실들을 배치해야 한다. 이런 사실들은 숫자를 근거로 대야 하는데, 그렇게 함으로써 문맥과 연관성을 지어내고, 계획서 후반에 가서 예측을 뒷받침해야 한다. 여러분이 말한 내용에 대해 증거를 제시하자.

> 신규 사업은 지원받기 어려운 법이다. 주장을 지지할 만한 근거가 한정된다는 것도 그 이유 중 하나다.
>
> 한 기업팀은 재정 지원을 받기 위해 나를 찾아와서 엄청난 기회를 봤다고 했는데, 자기네 사업을 통해 영국에 전문 매장을 많이 낼 수 있다고 했다. 그 기업 계열사 중 한 곳은 이미 매장 세 개짜리 가맹점을 낸 상태였다. 하지만 기가 막히게도 사업계획서에서는 신규 사업을 통해 낼 수 있는 매장 수만 추정할 뿐 증거를 전혀 제시하지 않았다. 심지어 기존 사업에서 얻은 자료가 있는데도, 매출 추정치를 뒷받침하는 데 쓰지 않았다. 다른 유사 사업에 관해서도 조사하지 않았다. 나는 그 팀이 줄곧 반복해대는 말에만 의존해야 했는데, 그것으로는 해당 사업에 돈을 투자할 만큼 마음이 움직이지 않았다. (벤처 캐피털리스트)

신규 사업을 시작하는 사람과 만날 때면 나는 실제로 이런 문제에 부딪힌다. 물론 믿을 만한 자료를 구하는 일은 어려울 수 있다. 내 고객 중 하나는 설탕 공장 설비를 전 세계로 판매했다. 이 고객은 신규 사업을 설립하려 했는데, 시장 규모, 성장률, 경쟁자의 가격 정책 등에 대해 의견은 제시했지만, 근거가 될만한 수치를 찾느라 매우 고생했다. 오랜 경험을 통해 자기 말이 사실이라는 확신이 있어도, 이런 내용에 관한 자료는 세계 시장에서 활동하는 국제단체 등을 통해서도 쉽게 못 얻을뿐더러, 지역 시장은 대개 가난한 나라에 자리하고 있어서 이런 자료를 보관하거나 공개하지 않는다. 이 고객은 영업 첫해 중 언제 어디서 매출이 발생할지 예측하는 데도 어려움을 겪었다.

자료를 수집하는 일이 어렵다는 데는 동의하지만, 자본가나 은행, 투자자 처지에서 생각해보자. 여러분 말이 진실이라는 것을 보여줄 수 없다면, 이 사람들은 투자하지 않을 것이다. 여러분이 어떻게 생각하는지 말하는 것만으로는 상대를 설득할 수 없다. 증거를 대야 한다. 선전과 관련해 유명한 말이 있는데, 거짓말도 계속 반복하다 보면 결국 사실로 받아들여진다는 것이다. 하지만 사업계획서를 쓰거나 은행과 투자자에게서 자금을 얻으려 할 때는 이 말을 적용할 수 없다. 계속해서 반복하면 읽는 사람은 해당 주제에 집중하긴 하겠지만, 그 주장이 믿을 만하지 않는다면, 반복은 회의적이고 의심스러운 분위기를 강화할 뿐이다. 주장을 뒷받침할 사실을 제시하자. 그저 주장을 반복하기만 해선 안 된다.

어떤 사람은 이렇게 상대를 설득해야 하는 문제에 부딪혔을 때, 말을 장황하게 늘어놓는다. 무슨 일을 하든, 중언부언하지 마라! 우리는 시장, 기회, 사업 이력 등에 관해 매우 길게 설명하면서 아무 증거도 제시하지 않는 보고서를 너무 흔하게 읽는다. 사업계획서를 잘 썼든 못 썼든, 지루하고 허위처럼 보인다면, 협력사나 부서 최고 간부, 재정가는 흥미를 잃을 것이다.

다음 사례를 살펴보자.

나쁜 사례

이 거대한 시장은 빠르게 성장하고 있으며 곧 엄청나게 광대해질 것이므로, 우리는 2년 안에 이 시장을 정복한 다음 훨씬 더 어마어마한 유럽 시장으로 진출할 것인데, 그곳은 잠재력이 더 크고 경쟁도 없기 때문이다. 그리고 어쨌거나 우리 제품은 독특해서 아무도 따라 할 수 없다.

수정 사례

영국 시장은 연간 가치가 약 2억2천만 파운드로 추정되며, 매년 17%씩 성장할 전망이다(2008년 2월 28일 파이낸셜 타임스 조사). 미국과 같은 경로로 성장한다고 가정했을 때, 잠재 시장은 크기가 약 4억5천만 파운드이므로 성장을 계속할 수 있는 여력이 상당하다. 업계 정보(부록1 참고)에 따르면 현재 공급사들은 수요를 충족시키는 데 어려움을 겪고 있는데, 발주 예정이 18주 이상 밀려있다. 이는 우리가 예측하는 매출을 뒷받침한다.

우리는 더 나아가 유럽 시장으로 확장할 기회를 노리는데, 유럽은 시장이 4년 전 영국과 비슷한 발달 단계에 머물러 있기 때문이다. 우리는 18개월 안에 독일에 소규모로 진출할 계획이며….

우리 제품은 경쟁사(부록2 참고)와 비교하여 소소한 개량을 거쳤으며, 유럽연합 전체에 저작권을 등록함으로써 보호받고 있다.

과거 거래 실적을 통해서든 잠재 고객 설문조사를 통해서든, 은행과 벤처 캐피털리스트 대부분은 예상 매출에 대해 확신을 얻고자 한다. 이 점에 대비하여 근거 자료를 최대한 많이 제공하자. 시장 조사 자료, 공개 정보, 관리 계좌 발췌 자료, 고객 명단 등을 말이다.

자료 수집

사업계획서를 뒷받침할 자료는 어디에서 구할까? 글쎄, 이상하게 들리긴 하지만, 자료가 내용에 딱 들어맞을 필요는 없다는 점부터 인지하도록 하라. 증거를 지어내야 한다는 말이 아니다. 거짓말을 해선 안 된다. 하지만 다양한 출처에서 정보를 모을 수 있으며 여러분이 진짜 사실이라고 믿는 바에 맞춰서 해석할 수는 있다.

다음은 자료를 얻을 수 있는 곳을 신뢰도가 높은 순으로 나열한 것이다.

- 정부 통계
- 시장 조사 보고서
- 대학 학부
- 산업 협회
- 업계 언론
- 신문 기사
- 경쟁사 홍보 자료 및 웹사이트
- 공급사, 고객, 경쟁사의 인터뷰 및 비평
- 인터넷

정부와 국제적 산업 기구의 자료는 가장 좋은 증거다. 이런 자료는 관계 부처 같은 곳과 계약하여 얻을 수 있다.

시장 조사 보고서는 정보가 살짝 뒤처지긴 하지만, 대학 도서관이나 전문 공공 도서관에서 무료로 이용할 수 있다. 영국에서는 일반 대중도 런던에 있는 시립 비즈니스 도서관 (City Business Library) 같은 곳을 이용해서 조사를 수행할 수 있다. 어떤 대학 도서관은 학생이 아닌 사람도 협약을 통해 출입을 허용한다.

대학 학부에는 대개 특정 업계의 전문가가 있다. 그 사람을 찾아서 어떤 정보를 어디에서 얻을 수 있는지 문의하자. 그러면 참고할 만한 발표 논문을 알아낼 수도 있지만, 그저 전문가 의견을 인용하기만 해도 그 전문가가 누구인지 자세히 말하기만 한다면, 사업계획서를 읽는 사람을 안심시킬 수 있다. 사업계획서를 읽은 사람이 여러분이 언급한 전문가에게 전화할지도 모르니, 분명한 사실이 아니라면 쓰지 말자.

산업 협회 직원도 종종 큰 도움을 줄 것이다. 대개는 전국적이고 국제적인 협회가 있으니 도전해보자. 협회는 대부분 도서관을 보유했을 것이고, 누가 특정 분야를 연구하는지 알 것이며, 대학과 마찬가지로 여러분이 계획에 인용할 만한 이야기를 해줄 수도 있다. 예를 들어, 협회에서 시장이 매년 5% 성장한다고 말한다면, 여러분은 그렇게 적을 수 있는데, 어디서 그 정보를 얻었는지만 잊지 않고 말하면 된다.

보통은 업계 신문도 유용하다. 여러분은 기자에게 전화해 볼 수 있는데, 대다수는 매우 해박하며, 그 외에 누구한테 문의할 수 있는지도 알 것이다.

앞서 언급한 도서관이나 인터넷을 통해 신문 스크랩도 살펴볼 수 있다. 유료일 때도 있다. 업계 신문을 먼저 살펴보되 일반 신문도 살펴볼 가치가 있으며, 더 진지한 신문과 잡지도 마찬가지다. 그러다 보면 기사를 쓰려고 정보를 많이 모아둔 기자를 발견해서 정보를 조금 얻을지도 모른다.

공개 보고서와 회계장부 등처럼 경쟁사와 공급사, 고객사에서 나온 발행물도 유용한 자료가 될 수 있다. 공급자와 고객, 경쟁자를 인터뷰할 수도 있을 것이다. 인터뷰 내용은 믿기 어려울 수도 있으니 신중하게 사용해야 하지만 때로는 유용하다.

대화를 통해 정모를 모을 때마다 다른 누구와 이야기하면 좋을지도 물어보자. 이런 식으로 추천에 추천을 받다 보면 정말 유용한 사실을 알려줄 사람을 만날 수도 있다.

마지막으로 잊지 말고 인터넷에서도 자료를 검색하자. 인터넷에서는 수백만 페이지에 달하는 정보를 볼 수 있으며, 대학, 산업 협회, 정부 부처, 신문, 연구 단체, 도서관에 들어가고 심지어 아마추어 전문가도 만날 수 있다. 인터넷 검색은 시간을 많이 잡아먹더라도 대개 그만한 가치가 있다. 당장 원하는 것이 안 보인다면, 사용할 수 있는 검색 엔진을 전부 이용하자. 각 검색 엔진은 전체 인터넷 세상 중 일부만 다루므로, 한곳에는 없지만 다른 곳에는 원하는 링크가 있을 수도 있다.

구글을 사용한다면 학술 검색뿐 아니라 블로그도 살펴봐야 하는데, 정보를 얻거나 새로운 정보출처를 발견할 수도 있기 때문이다. 인터넷을 이용할 때 늘 염두에 둘 점은 누군가 인용하고 그것을 인용하고 또 그것을 인용한 내용보다는 원본 자료를 찾는 것이 이상적이라는 점이다. 위키피디아에 나온 사실도 틀릴 수 있으니 말이다. 인터넷에서는 자료를 쉽게 얻을 수 있는 만큼 계획서를 읽는 사람도 사실 여부를 쉽게 확인할 수 있다.

그래도 막막하다면 수평적으로 생각해보자. 백과사전, 전 세계 대학, 국회 도서관, 국립 도서관을 뒤져보자. 두려워하지 말고 인터넷에서 만난 사람에게 이메일을 보내서 여러분이 찾으려는 자료가 있는 곳을 아는지 물어보자.

반복

이 책이 그렇듯, 사업계획서에도 반복하는 내용이 생기기 마련이다. 사업계획서는 부분마다 반드시 독립된 이야기를 해야 하는데, 상대가 그 부분만 읽고 계획서를 내려놨다가 다른 때 다른 부분을 읽을 수도 있기 때문이다. 소설과 마찬가지로, 개요가 필요할 때도 있을 것이다. 적어도 개요에는 계획서 본문을 압축해서 담아야 한다. 여러분은 사업 배경 부분에 썼던 내용을 어쩌면 시장 부분에도 똑같이 쓸지 모른다. 적당한 반복은 문제가 없으며, 사실 주장을 강화하며 무게를 실어준다. 하지만 특히 같은 부분 안에서는 과도한 반복을 피해야 하는데, 이야기를 지루하게 만들어서 읽는 사람에게 모호하고 나쁜 인상을 남기기 때문이다.

계획서를 검토하자

믿을 만하자미나 프로젝트에 관여하지 않은 사람에게 사업계획서를 읽어보게 하고 의견을 구하자. 비난을 듣는 것이 아니라, 아이디어와 우려되는 점, 단점처럼 건설적인 의견을 얻어야 한다. 트집 잡기 좋아하거나 사업 경험이 없는 사람에게 조언을 구해선 안 되는데, 사실상 중요하지도 않은 작은 단점은 많이 찾아내면서 커다란 논리적 구멍은 놓치기 때문에 도움이 안 되기 때문이다. 여러분에게 진실한 사람이 필요하다.

요약정리

- 무엇을 위한 계획이고 읽는 사람은 누구인지에 사업계획서를 집중하자.
- 계획서를 깔끔하게 작성하고 이야기를 솜씨 좋게 해서 좋은 인상을 남기자.
- 사실과 증거를 이용해서 사례를 뒷받침하자.

01
사업계획서 구성하기

계획서를 작성하기 전에 무슨 내용을 담아야 하는지 정리하자. 이렇게 하면 어떤 내용을 논리적으로 잘못된 곳에 넣거나 이야기 흐름상 어색한 곳에 넣는 바람에 나중에 편집하는 수고를 덜 수 있다.

여백을 많이 남기면서 중요한 제목들을 쓰고 해당 부분에 들어가야 하는 주요 안건을 나열하는 것도 도움이 된다. 이런 안건은 소제목이 되기도 하지만 꼭 그럴 필요는 없다.

예를 들어, 우리는 영국에 새 서점 가맹점을 설립하고 싶었는데, 따라서 주요 안건들에 대해 다음과 같이 제목을 나열했어도 괜찮았을 것이다.

- 시장 배경
- 우리가 특별한 이유
- 경영진
- 세부 운영
- 제안 내용
- 예측
- 투자금 회수 전략

기존 시장은 이미 성숙한 상태였다. 따라서 사업계획서를 읽을 사람은 자기가 시장에 대해 잘 안다고 생각할 수도 있는데, 서점을 이용하고 있기 때문이다. 그래도 당연히 시장이 어떻게 돌아가는지 설명해야 했는데, 오해를 바로잡기 위해서였다. 그 다음에는 이 굳건한 시장에 새로운 것을 가지고 진입해서 성공할 수 있다는 점을 설득해야 했다. 이 일을 완수하려면 우리 경영진이 왜 특별히 유능하고 거래 체계가 어떻게 작동하는지 설명해야 했는데, 우리가 혁신하려는 점이 이것이었기 때문이다. 그다음부터는 상당히 일반적인 형식으로 사안을 다루면서, 제안 그 자체와 우리가 달성하고자 하는 것 (예측), 투자자가 어떻게 수익을 낼지 (투자금 회수 전략) 이야기했다.

예를 들어, 세부 운영 부분에서 사용했던 소제목은 이렇다.

- 고객
- 제품
- 공급망
- 시스템

우리는 누가 고객이고 누가 아닌지 설명함으로써 우리가 왜 경쟁사보다 고객을 더 많이 모을지 설명해야 했다.

제품이라는 소제목 아래에는 제품이 얼마나 다양한지 설명했다. 학술서가 아닌 가장 인기 있는 대중서는 물론 CD롬과 음악 CD, 인사 카드, 포장지 등 상호 보완적인 제품이 다양하게 있었다.

공급망 부분도 중요했는데, 경쟁사와 조금 다르게 공급망에 접근할 생각이었기 때문이며, 그러므로 여기에 관해서도 설명해야 했다.

마지막으로 시스템은 우리 아이디어를 실현하는 데 결정적이었으므로 설명하고 논의해야 했다. 효율적인 시스템을 빠르고 저렴하게 도입할 수 있다고 설득하는 것이 특히 중요했다.

목록을 완성하고 난 다음에는 비판적으로 살펴보자. 중요한 내용을 빠뜨리진 않았나? 그렇다면 추가하자. 계획서에는 여러분이 중요하다고 생각하는 사안이 전부 들어가야 한다.

계획 구조 안에 정확히 어떤 항목이 들어갈지는 사업마다 다르지만, 대략적으로는 다음과 같은 것들이 되겠다.

- 개요
- 서론
- 사업 배경
- 제품
- 시장
- 운영
- 경영
- 제안
- 재정 상황
  - 현재까지의 거래 실적
  - 예측
- 위험
- 결론

• 부록

어떻게 해야 가장 좋은 이야기가 될 것인가에 따라 순서는 달라질 것이다. 명확하고 효과적으로 이야기해야 한다는 점을 기억하자. 예를 들어 제품과 시장 같은 부분은 합치고, 앞서 언급하지 않은 부분을 추가할 수도 있다.

구조를 분명하게 하다 보면 반복하는 내용도 생길 것이다. 개요에 들어있는 내용은 당연히 본문에서 더 자세하게 반복한다. 서론이나 배경에서 제시한 내용을 다른 곳에서 반복할지도 모른다. 세부 사항 전부를 두세 곳에서 반복해서 설명하면서 사업계획서를 지루하게 만들지만 않는다면 괜찮다.

사업을 설명하는 데 꼭 필요한 항목이 더 있을 수도 있다. 기술이나 정치, 거래 파트너, 사업 개발 관련 선택사항은 위 목록에 없지만, 특정 활동에는 필요할 것이다.

요즘엔 대다수 업체가 컴퓨터와 인터넷을 광범위하게 사용하므로 기술에 관해 설명할 때가 더 흔해질 것이다. 기술적으로 자세하게 파고들라는 것이 아니라 사업상 중요한 문제를 어떻게 다루는지 설명하라는 것이다. 예를 들어 웹사이트를 통해 거래하는 사업이라면 누가 그 사이트를 만들고 유지하고 운영할지 사업계획서에서 설명해야 한다. 또 충분히 다양한 증거를 제시함으로써 계획에 담은 예측을 뒷받침해야 한다. 이 내용은 운영 부분에 넣을 수도 있지만, 사업상 얼마나 중요한지에 따라 단독 부분으로 분류해도 괜찮을 것이다.

부록 활용하기

여러분은 계획을 뒷받침할 세세한 증거가 많을 수도 있다. 그렇다면 증거를 사업계획서에 포함할지, 그저 언급만 하고 요청받았을 때만 준비할지 신중하게 생각해야 한다. 증거가 신뢰도를 크게 높인다고 생각하면 부록으로 집어넣고 본문에는 요약만 해두자. 본문에서는 항상 해당 부록 위치를 분명하게 가리켜서 읽는 사람이 쉽게 찾을 수 있게 해야 한다. 사업계획서가 너무 두꺼워지는 것을 막으려면 부록을 별도 문서로 묶으면 된다. 거대한 책은 읽는 사람을 매우 겁먹게 할 수 있으니 계획서 자체는 부담 없는 두께로 만들도록 노력하자. 부록을 두꺼운 문서로 만들고 계획서는 상대적으로 얇게 만드는 편이 더 좋다.

자세한 자료나 증거를 계획서 본문에 넣지 말자. 그러면 이야기가 흐름이 끊기고 계획서가 지루해진다. 증거가 무엇을 나타내는지 요약해서 설명하고 어디를 참고할지 알려주자. 쉬운 예로, 수년 치 회계장부를 담은 부분을 들 수 있다. 계획서에는 주요 숫자만 요약해서 쓰고 장부 자체는 별도 문서에 담는 것이 편하다.

부록에 담고 싶은 문서에는 두 종류가 있을 것이다. 하나는 읽는 사람을 설득해줄 문서고 다른 하나는 계획서에서 이야기한 내용을 증명해줄 문서다. 전자는 꼭 필요하지만, 후자는 정말로 주장에 무게를 더해주는 것이 아니라면 빼두어도 괜찮을 수 있다. 여러분은 아마 다음과 같은 자료를 부록에 싣고 싶을 것이다.

- 특허나 저작권 증명서, 상표 등록증 사본
- 임대차 계약서 사본
- 상세한 회계장부
- 시장 조사 보고서
- 주요 직원 이력서
- 적절하게 도움이 되는 사진 (예: 소매업이라면 단위 상품, 디자인 회사라면 도안)
- 기술 설명
- 제품 안내 책자

가능성이 무척 다양하므로 이 목록은 절대로 완벽하지 않지만, 여러분이 중요하게 생각하는 증거를 멋지게 꾸며줄 것이다.

요약정리

- 계획에 들어갈 주요 제목을 나열하자.
- 이 제목들로 이야기를 들려줄 수 있는지 확인하자.
- 계획을 지지해줄 자세한 증거는 부록에 담자.

개요

여러분은 몇 초 안에 상대가 마음을 빼앗기고 여러분이 제안하는 내용에 관심을 두도록 만들어야 한다. 여러분의 사업계획서를 읽는 사람은 바쁘다. 전화를 열 통은 걸어야 하고, 그중 일부는 다른 통화로 이어질 것이며, 이메일도 열 통은 보내야 하고, 편지도 두어 통 써야 하며, 회의 두 개를 마친 다음에 점심 약속에 나갔다 오면 또 다른 회의에 참여해야 하고, 저녁에는 자녀 학교에서 열리는 학예회에 가야 한다. 시간을 짜내서 보고서를 쓰고 숫자를 계산해야 하며, 설상가상으로 책상에는 여러분 것 외에도 사업계획서가 네 부는 더 있다. 이렇게 바쁘니 여러분이 쓴 사업계획서는 훑어보기만 할 것이다. 하지만 개요만은 읽을 것이다. 개요가 짧다면 말이다. 이상적으로는 한 페이지 정도가 제일 좋다.

개요는 마지막에 쓰지만, 계획서 제일 앞에 온다. 그리고 사업계획서에서 가장 중요한 부분이다. 여러분은 그 한 페이지 안에서 아이디어를 팔아야 한다. 나머지 내용도 읽고 싶어질 만큼 흥미를 자극해야 한다. 개요에는 여러분 자신과 팀원, 환경에 관해서는 물론, 어떤 사업인지, 어떤 면에서 제안이 흥미로운지, 사업은 왜 성공하는지, 사업계획서를 읽는 사람이 무엇을 해줬으면 하는지, 예컨대 투자를 원한다면 언제 얼마큼 원하는지, 그 보상은 무엇이 될지 설명해야 한다. 핵심 사항은 전부 개요에 집어넣어야 한다. 무엇이 중요한지 결정하는 것은 전적으로 여러분에게 달렸지만, 적어도 다음에 대해서는 개략적으로 설명해야 한다.

- 사업 소개
- 팀 소개
- 제안
- 사업이 성공하는 이유
- 투자에 대한 보상
- 주요 위험 및 위험 최소화 방안

- 사업계획서를 읽는 사람에게서 여러분이 바라는 점

만약 시장과 경쟁에 관해서도 언급하겠다면, 되도록 가볍게 하자. 그리고 한 페이지를 넘기지 말자! 어려운 주문이지만 할 수 있다. 비법은 진짜 요점만 골라서 적은 다음 불필요한 부분을 잘라내는 것인데, 너무 꾸민 듯한 형용사와 묘사는 첫 번째 제거 대상이다. 외부인이 여러분 프로젝트에 관해 기사를 쓴다고 상상해보자.

신문과 크게 다른 점 하나는 개요에는 정말로 중요한 숫자를 넣어야 한다는 점이다. 중요한 숫자가 적더라도 꼭 넣어야 한다. 숫자는 상대방을 설득할 중요한 근거이며, 프로젝트와 시장, 투자, 수익률 규모를 알려준다. 또 숫자를 넣으면 읽는 사람이 요점을 더 잘 기억한다. 프로젝트가 무엇에 관한 것인지 이해하는 데도 도움이 된다. 사업에 관해 이야기할 때는 숫자가 필수적이다.

다음 사례는 20여 년이나 됐지만, 지금도 앞서 설명했던 점들을 감동적일 만큼 잘 보여준다.

본 기획은 10억 파운드에 달하는 영국 소매업 시장 내 미개척지를 이용하여 새로운 서점 가맹점을 설립하길 제안하는데, 인구 구조가 변하고 곧 규제가 완화될 예정이므로 시장에 성장 잠재력이 상당해 보인다. 몇몇 전국 체인이 단편적인 서점 시장을 통합하고 있으며, 이 프로젝트도 전국 체인을 설립할 전망이다. 경영진은 영국 내 매장을 150개 보유한 대형 서점 체인을 직접 키우고 운영한 경험이 있다.

구상하는 바로는 도시 내 위치가 좋은, 현재 경쟁이 제한적이면서 우세한 입지를 차지할 수 있을 곳에 단층 짜리 일반 서점을 낼 것이다. 매장은 상품, 환경, 서비스 측면에서 경쟁사와 다를 것이며, 원가 수준도 낮을 것이다. 장서 3만 종을 상호 보완적인 상품과 함께 취급하면서, 전문 매장으로서 권위를 갖추되 따듯한 분위기를 조성하여 경쟁사보다 다양한 고객을 끌어모을 것이다.

건물이 단층이므로 다층 건물을 운영할 때보다 직원 채용 비용 및 건축 비용이 낮을 것이다. 중앙 조달 방식을 사용하고 도매 공급사와 대규모로 거래함으로써 낮은 원가 기반을 구축할 것이다. 거대 데이터베이스에 접속함으로써 행정 비용을 낮추고 구매 품질을 개선할 것이다. 더 인기 있고 대중적인 분야 서적을 구비 함으로써 학술 서적까지 보유한 경쟁사보다 재고 회전율을 높일 것이다.

우선 75만 파운드를 투자받아서 첫해에 매장을 3개 연 다음 4백만 파운드를 더 투자받아서 해마다 8개씩 총 50개 매장을 여는 것이 목표다. 예측에 따르면 1제곱미터당 매출액은 3천 파운드, 재고 가치는 800파운드며, 각 매장에서는 영업 2년 차부터 현금이 발생하고 사업은 4년 차부터 이윤을 낼 것이다.
첨부한 예측 자료를 살펴보면 사업이 빠르게 성장함에 따라 매력적인 순자산수익이 발생할 것이다. 5년 차 투자 수익률은 30%다. 필요 자금은 4년째에 3백5십만 파운드로 정점을 찍지만, 두 번째 시기에 충분한 금액을 투자받아서 예측하지 못한 문제가 생기거나 성장이 더 빨라질 때를 대비하고자 한다. 기획자들이 직접 보통주에 20만 파운드를 투자한 상태이며 동일 선상에서 합류할 투자자를 구한다. 투자자는 3년에서 5년 사이에 자금을 회수함으로써 이윤을 얻으리라 예상된다.

이 사례는 A4용지 한 페이지가 안 되는 분량 내에서 다음의 내용을 다룬다.

- 시장
- 경영진

- 본 제안이 차별화되는 이유
- 제안
- 수익
- 자금 회수

빠뜨린 점도 있다. 예를 들면 위험에 관해서는 언급하지 않았는데, 몇몇 위험에 관한 이야기가 분량을 너무 많이 차지할 듯하여 본문에서 다루기로 했다. 개요에서 위험에 관해 몇 자 언급하고 싶다면, 그 위험이 매우 작거나 수익을 생각하면 감수할 만하다고 설명할 수 있을 때만 그렇게 해라. 개요는 짧다. 그러니 긍정적인 부분에만 집중하자. 개요를 읽고 나서 부정적인 생각이 들게 해선 안 된다.

예시에서는 요점을 설명할 때 숫자를 이용하되, 가장 중요한 점에만 한정해서 사용하고, 반올림 값을 쓴다. 숫자가 소수점 서너 자리까지 정밀하면 그 의미를 체감하기 어렵다. 개요는 인상을 심어주는 부분이지 세부 사항을 다루는 곳이 아니다.

연습하기

- 투자자가 여러분이나 프로젝트나 해당 시장에 관해 떠올릴만한 부정적인 생각을 짧게 적어보자.
- 그 생각에 어떻게 반응할지 적어보자. 설득력 있는가?
- 여러분이 개요에 넣으려는 제안은 어떤 점이 정말로 훌륭한지 적어보자.

요약정리

- 한 페이지짜리 개요에 여러분의 이야기를 요약해야 한다.
- 개요는 읽는 사람의 주의를 붙잡아야 한다.
- 중요한 요점과 증거를 선별해야 한다.

03
사업 배경

이해를 못 하는 사업을 지원할 사람은 없다. 개요에서는 사업에 관해 이야기하긴 했지만, 자세히는 아니었다. 그러니 이번 장에서는, 무엇에 관한 사업이고 어떻게 지금 상황에 이르렀는지 간단하게 설명해야 한다. 사업계획서를 읽는 사람은 여러분이 종사하는 사업과 업계에 관해 전혀 모를 수도 있고, 더 심각하게는 잘 안다고 자부하면서 완전히 잘못 이해하고 있을 수도 있다. 여러분은 상대를 매우 빠르게 교육하거나 오해를 바로잡아야 한다. 사업 배경 부분의 목표는 빠르고 분명하게 사실을 전달하고 넓은 그림을 그림으로써 상대가 계획서 본문에 있는 세세한 사항을 완전히 알고 이해하게 만드는 것이다. 여러분은 이 장을 생략할 수도 있고, 중요한 내용은 다른 곳에서 반복할 수도 있지만, 이 장에 문장을 몇 개 쓰는 것만으로도 여러분이 근본적으로 어떤 사업을 추구하는지 상대방에게 알려줄 기회가 생긴다.

사업

나는 충직한 하인이 여섯 있으며, 모든 것을 이 하인들에게 배웠다.

그 이름은 '언제', '어디서', '누가', '무엇을', '왜', '어떻게'다.

– 루디야드 키플링 (Rudyard Kipling)

무엇에 관한 사업인지 간단하게 설명하자.

- 무슨 사업이고 무슨 일을 하는가?
- 그 일을 어디서 하는가?
- 언제 어떻게 사업을 설립했는가?
- 누가?
- 왜?
- 사업은 성공적이었는가? 그렇지 않다면 이유는 무엇인가?

어떤 제품이나 서비스인가?

사업이라 하면 무언가를 팔기 마련인데, 계획서를 읽는 사람은 특정 문제가 여러분 제품에 영향을 미친다는 점을 이해하지 못할 수도 있다. 따라서 중요한 사안을 간단하고 명확하게 설명해야 한다.

- 여기서는 자세히는 아니되, 어디서 무엇을 어떻게 하는 제품이나 서비스인지 개략적으로 설명하자.
- 특별한 점이 있는가? 특허를 비롯한 보호장치는 있는가?
- 중요한 공급사나 유통사, 고객사가 있는가?

시장

사업계획서를 읽는 사람은 대부분 자기가 모든 시장에 관해 어느 정도 안다고 생각한다. 따라서 중요한 내용을 골라서 정말 효과적인 방식으로 전달해야 한다. 상대방이 잘못 이해하는 부분을 빠르고 확실하게 바로잡자. 이 부분은 여러분이 무슨 일을 왜 하려는지 말하는 연단이므로 주장을 뒷받침해주는 것들에 집중하자.

- 시장 구조는 어떠한가?
- 고객은 누구인가?
- 고객은 왜 구매하는가?
- 고객은 왜 여러분에게서 구매하는가?
- 제품이나 서비스를 어떻게 유통하는가?
- 아주 폭넓게 봤을 때, 경쟁자는 누구인가?
- 어떻게 경쟁하는가?

시장 '구조'는 무엇을 의미할까? 글쎄, 하나뿐인 공급사가 지배하는 독점 시장인가, 아니면 공급사가 많은가? 유력한 공급사 무리가 있는가? 마찬가지로 고객은 하나인가 여럿인가? 여러분 같은 공급사는 시장에 하나인가 여럿인가? 시장 분리가 일어나서 한쪽 끝에서는 눈에 띄게 고품질을, 반대쪽에서는 저렴하고 기발한 제품을 취급하는가? 제품이나 서비스를 특별하게 브랜드화하여 효용뿐 아니라 이미지를 판매하는 시장 참여자가 하나 이상 있는가?

여기에 대해서는 위의 목록에 있는 다른 사항과 함께 다음 장에서 매우 자세하게 다룬다.

공급

대다수는 아니더라도 많은 사업은 공급사 문제가 주요하다. 예를 들어 여러분이 자동차를 유통한다면 어디서 자동차를 구매하는지, 무엇이 자동차 매매 가격과 공급 안정성에 영향을 미치는지 사업계획서에서 말해야 한다. 주요 계약 조건은 무엇인가? 주요 공급사가 시장 점유율을 잃고 있다면, 여러분은 제안한 바를 문제 없이 실현할 수 있다는 것을 확실하게 설명해야 한다. 컴퓨터 소프트웨어 사업마저도 공급 제약에 영향을 받을 수 있는데, 이 경우에는 아마 숙련된 프로그래머나 시스템 분석가를 공급받아야 할 것이다.

여러분은 다음 질문에 대답해야 한다.

- 주요 투입 요소는 무엇인가? 공급사 수가 한정적인가?
- 필요할 때 원하는 가격에 물량을 수급하는 능력에 제약이 따르는가?
- 융자 조건이 문제인가? 신용 한도액과 융자 기간은 얼마인가?

잠재적 공급사와 관련하여 중요한 질문이 생기면 답을 해야 하는데, 이 단계에서는 자세하게 파고들 필요는 없다. 예를 들면 다음과 같은 질문이 있다.

- 주요 고객이나 공급사가 있는가?
- 핵심 인력이 갖춰야 할 특정 자격 요건이 있는가?
- 매장이나 공장은 몇 개인가?
- 규모, 매출액, 이윤, 직원 수는 얼마큼인가?

사 례

콸코(Qualco)는 가족 소유 회사로 세탁 및 드라이클리닝 사업을 운영한다. 런던 외곽의 셰퍼드부시(Shepherd's Bush), 해머스미스(Hammersmith), 홀랜드파크(Holland Park), 퍼트니(Putney)에 매장이 네 개 있다. 각 매장에도 ZZZ 드라이클리닝 기계를 갖추고 있긴 하지만, 세탁물은 전부 셰퍼드부시에 있는 중심 시설로 보낸다. 회사 운전기사는 매일 각 매장을 돌아다니는 것은 물론 고객을 찾아가 세탁물을 배달하거나 받아오기도 한다.

사업매출액 75만 파운드 중 절반 정도는 세탁 서비스에서 발생하는데, 그중에서도 80%는 런던 서부 지역 호텔 및 레스토랑 70여 곳과 계약을 맺고 제공하는 용역이 차지한다.

어떻게 지금 상황에 이르렀는가?

사업이 어떻게 현재 상태에 이르렀는지 설명하자. 당연히 신규 사업 제안서는 여기에 대해 할 말이 없을 테니, 시장과 사업 동기에 관해 더 자세히 설명하는 것으로 대신하자. 사업에 문제가 있다면 그 문제가 어떻게 발생했고, 거기서 무엇을 배웠고, 어떻게 해결했거나 해결할 예정인지 설명하자. 사업을 이해하고 예측을 믿으려면 기업이 어떻게 발달했는지 알아야 한다.

2000년에 존 스미스(John Smith)는 적자를 보던 선블래스트(Sunblast)를 10만 파운드에 인수했다. 스미스는 간접비를 줄이고, 소용량 제품을 취급 중단하여 작게나마 사업을 흑자로 전환한 다음 새 경영진을 모집하고 자신은 비상임 회장이 됐다. 새 상무이사인 찰스 존스(Charles Jones)는 회계사였으며 스트럿앤그로벨(Strutt & Grovel)의 공동 경영자 출신이었다. 2003년까지 이윤은 5만 파운드로 성장했다. 2003년에 존스는 스미스와 나머지 이사회를 설득하여 블랙홀 유한회사(Black Hole Ltd)를 인수했는데, 상호 보완적인 사업이기 때문이었다. 그러나 불행히도 주요 고객사

두 곳이 지불 불능 상태에 빠지는 바람에 주문이 급격히 감소했다. 존스는 이 사실을 3달 동안 이사회에 보고하지 않고서 간접비를 줄이기보다 새 고객을 확보하려고 노력했다. 2004년에는 손해액에 20만 파운드에 달했다. 은행은 파산 관재인을 지정하고 상호 지급 보증을 요구했는데, 그로 인해 선블래스트는 여전히 영업이익을 내고 있음에도 법정 관리에 들어갔다.

이 사례는 파산관재인으로부터 회사를 매수하려는 기업 인수팀이 자금을 모으기 위해 썼던 제안서 일부인데, 설명이 더 필요하다. 인수하려는 사업 부문이 성공 가능하며 기업을 어렵게 만든 문제가 이 부문에는 실제로 영향을 미치지 않는다고 자본가를 설득해야 한다.

어떤 사업은 규제가 이야기의 중점이 된다. 가게를 운영할 때는 규제가 핵심이 아닐 수도 있지만, 카지노, 오락 기계 설치, 요양원, 식품 유통, 도로 운송 등에는 중요하다.

걱정거리를 제거하자. 저 멀리 당국에서 일시적으로 변덕을 부리거나 작은 실수가 생기기만 해도 문을 닫는 사업을 지원하려는 사람은 없다. 이 모든 상황이 어떻게 작동하는지, 여러분은 사업 내부를 어떻게 통제함으로써 당국과 마찰이 생기지 않게 하는지 분명하게 설명하자.

연습하기

- 여러분의 사업을 묘사할 수 있는 단어나 짧은 문장을 5개에서 10개 정도 적어보자. 예를 들어, 내 사업은 다음과 같은 단어로 설명할 수 있다. 유산, 여행, 신뢰, 전문 지식, 다양성, 브랜드.
- 사업을 움직이는 요인을 3가지에서 5가지 정도 적어보자.
- 여러분이 시장에 실제로 영향을 미치는 방법 3가지를 적어보자.
- 커다란 위험을 3가지 나열하고 여기에 어떻게 대처할지 적어보자.

요약정리

- 이 부분에서는 사업이 무엇에 관한 것인지 간단하게 설명해야 한다.
- 언제, 어디서, 누가, 무엇을, 왜, 어떻게?
- 여러분과 사업은 어떻게 현재 상황에 이르렀나?

04
시장

이 장에서 나오는 아이디어는 완전하진 않지만, 여러분이 고려해야 하는 것들이다. 여러분은 시장과 관련하여 중요한 양상을 설명하는 방식으로 사업제안 배경을 이야기하고, 여러분이 예상하는 내용에 신빙성을 부여해야 한다.

무엇이 중요하고 무엇을 포함할지 결정하는 사람은 여러분이다.

개요

여러분이 경쟁하는 시장이나 목적에 관해 간단하게 설명하자. 여기에 관해 정의하고 설명해야 한다. 요지는 왜 사람들이 여러분의 제품이나 서비스를 구매하고 있거나 구매할 것인가이다. 여러분은 어떤 근본적인 혜택을 제공하나?

예를 들어 식품은 생명을 유지해 준다. 사람은 먹어야만 한다. 그리고 맛있다. 여러분이 제공하는 특별한 제품이 요리하기 쉽다면 편리하기도 할 것이다. 구매자에게 젊고, 멋지고, 매력적이라는 인상을 줄지도 모른다. 이 모든 요소는 사업계획서에 나열하면 도움이 된다. 공산품이든 용역이든 무언가를 팔려면 고객의 구매욕을 자극하는 혜택이 있어야 한다.

고객은 누구인가? 묘사해보자. 증가하는 고연령층이나 감소하는 저연령층을 대상으로 영업을 하려면 꼭 생각해봐야 한다. 줄어드는 시장에서 사업을 확장하려면 어떤 문제가 있을까?

시장은 얼마나 큰가? 여기에 분명하게 답할 수 없다면, 짐작해서라도 이야기해줘야, 여러분이 예상하는 시장 점유율을 상대방도 이해할 것이다. 여러분에게도 좋은 점검 기회가 될 것이다. 시장 점유율이 믿기지 않을 만큼 성장하리라고 예측하진 않나?

시장 구조

여러분 제안이 얼마나 매력적인지 판단하는 데는 시장 구조가 중요하다. 시장 구조를 설명하자.

예를 들어, 영국의 도서 소매업은 분열된 산업이었는데, 다수 독립 서점이 대개 100㎡가 안 넘는 작은 매장에서 영업했고, 거대 신문판매점 체인 두 곳은 시장의 15~20%를 지배하는데 주로 한정된 인기도서를 집중해서 취급했으며, 1980년대는 전문서점 체인들이 발달하기도 했지만 대부분 슈퍼마켓과 온라인 판매에 밀려서 큰 체인은 하나만 남았다.

반면 대부분 국가에서 슈퍼마켓 산업은 한 줌뿐인 거대 기업이 경쟁한다. 크기가 증가하면 규모의 경제가 발생하므로 이런 시장에 신규 진입하려면 경쟁사가 누리는 원가 우위를 어떻게 모방하거나 회피할 수 있는지 설명해야 할 것이다.

시장이 세계적인가? 여러분은 공학기술 자문회사를 운영하면서 전 세계 여러 시장에서 다양한 언어로 경쟁할지도 모른다. 그러면 어떻게 성공할 것인가? 사업계획서에서 나라별로 시장을 살펴봐야 할 수도 있다.

어쩌면 고객이 전 세계에 존재할 수 있다. 한 나라에 자리 잡고 법률 사무소를 운영하지만, 다국적 고객에게 서비스를 제공할 수도 있다. 그러면 어떻게 국제적으로 서비스를 제공할까? 타사와 합병하거나 연계를 맺을 수도 있고, 그저 전문 분야에서 너무나 독보적인 나머지 한 나라에만 있어도 고객이 찾아올 수밖에 없이 만들 수도 있다.

사업계획서를 읽는 사람이 떠올릴 문제를 처리하자. 한 번은 거대 마케팅 에이전시 상무이사가 나를 만나러 왔다. 이 회사는 사업 규모가 크긴 하지만 사업 실적 65%가 시장 지배적인 고객사 한 곳에서 나오고 있었다. 그 고객사는 언젠가 떠날 것이다. 사내에 직접 마케팅 부서를 설립하든, 다른 기업에 인수당하든, 경쟁 마케팅 에이전시로 가버리든 언젠가는 떠날 것이다. 이 상무이사가 사업계획서를 쓴다면 이런 부분을 최우선으로 다뤄야 할 것이다.

경쟁사

놀라울 정도로 많은 사업계획서가 경쟁사를 빼고 사업을 설명한다. 경쟁사를 언급하더라도 제품이 열등해서 도태될 것이 분명하다고 평한다. 고리타분하게 들릴 수도 있지만, 경쟁사 제품이 열등하더라도 꼭 여러분이 시장 경쟁에서 이기는 것은 아니다. 많은 사람이 소니(Sony)에서 나온 베타맥스(Betamax) 비디오 녹화 시스템이 VHS 시스템보다 기술적으로 우월하다고 생각했지만, 승자는 VHS였다. 유럽연합은 한 시스템에만 HD TV 승인을 내줄 것이다. 그 시스템은 기술도 매우 뛰어나야겠지만, 일본산이나 미국산보다는 유럽산이어야 할 것이다.

경쟁사는 여러분이 사업을 중단하도록 몰아가는 데 열중한다.

그러니 경쟁사를 간과해선 안 된다. 여러분은 경쟁사보다 우위를 점하기 위해 무엇을 할 것인가? 경쟁사는 여러분을 흔들기 위해 무엇을 할까?

기존 경쟁사와 신규로 진입하는 업체를 모두 살펴보자.

- '기존 경쟁사'의 크기, 강점, 약점, 운영 방식에 관해 아는 대로 설명하는데, 이 모든 내용은 여러분이 경쟁사를 이기기 위해 무슨 일을 할지에 관한 맥락 안에 들어가야 한다.
- 시장에 '신규로 진입하는 업체'는 위험한 존재가 될 수 있다. 여러분이 기존 경쟁자보다는 강한 듯하더라도 타국이나 다른 업계에서 온 거대 기업과 비교하면 어떨까? 이런 양상은 두 가지 산업에서 특히 중요하다.
  - 성숙한 산업은 대개 덜 발달했거나 경쟁사가 작은 타국에서만 성장 기회를 엿볼 수 있다.
  - 기술의 변화가 극심한 산업은 새로운 경쟁자를 자극할 수 있다.

1990년대 영국 도서 판매업에 영향을 주었던 사례를 살펴보자. 외국 회사 문제와 관련해서는 영국 시장에 눈독을 들이기 시작한 미국 회사들이 있는데, 한 거대 기업이 지역 업체를 인수해서 확장하면서 얼마 안 가 시장에서 강자로 떠올랐다. 기술 문제와 관련해서는 같은 기간 동안 인터넷 서점이 시장을 심각하게 잠식하기 시작했다.

유통, 가격 책정, 포장, 홍보뿐 아니라 경쟁사가 얼마나 강한지 같은 문제도 성공을 결정하는 요인이다. 사업계획서에는 이런 내용을 간단하게나마 정리해서 넣어야만 한다. 여러분이 경쟁사와 고객에 관해 알고 있다는 인식을 심어주면 잠재적 후원자의 신뢰가 더 상승한다.

고객

많은 사업계획서가 두 번째로 많이 빼먹는 요소가 바로 고객이다. 누가 여러분 고객인가? 여러분이 자동차 부품 소매업을 운영하는데, 18세에서 30세 사이 중산층 남성이 주 고객이라면 그렇게 이야기하자. 그러면 여러분이 무엇을 하고 있는지 안다는 믿음을 주고, 잠재된 질문을 누그러뜨리고, 시장이 안정적이거나, 성장세에 있다거나, 가처분소득이 높다는 등과 같은 이야기를 할 수 있다. 주요 시장은 슈퍼마켓이고 최종 사용자는 부차적인 시장에 지나지 않을 수도 있다. 그러면 진열대에 제품을 올린 다음에야 소비자의 돈을 두고 경쟁할 걱정을 할 수 있다. 그렇다고 당면한 시장, 즉 슈퍼마켓에 관해서만 이야기하면서, 최종 사용자를 무시하진 말자. 최종 사용자가 진열대에서 제품을 사지 않으면 슈퍼마켓도 주문을 다시 하지 않을 것이다. 여러분 고객은 얼마나 빨리 값을 치르나?

유통

제품이나 서비스를 유통해야 한다면 최종 사용자에게 어떻게 유통할지 논의하자. 유통업자가 써준 증서를 사업계획서에서 보여줌으로써 여러분이 배달할 수 있음을 증명할 수도 있다. 많은 시장에서는 고객에게 닿는 방법이 한정적이다. 여러분은 성공적인 유통을 장담할 수 있나? 강력한 유통업자와 거래할 수 있나?

전화나 우편, 인터넷을 통해 직접 판매할 수도 있다. 제품이나 서비스를 어떻게 판촉하고 광고할 것인가? 그 방법이 효과적이라고 설득할 수 있는가?

대행업체나 도매상 소매상을 통해서도 판매할 수 있다. 사업계획서를 읽는 사람한테 여러분이 이 일을 효율적으로 할 수 있다고 알려줄 수 있나? 이런 접근 방식에서 발생하는 비용을 잘 이해하며 통제할 수 있음을 보여줄 수 있나?

인터넷을 통한 유통

사실상 모든 사업은 인터넷에서 영향을 받는데, 인터넷은 판매 경로가 되기도 하고, 경쟁 상대가 되기도 하며, 고객은 여러분한테서 서비스를 구매하기 전에 여러분 웹사이트를 둘러보면서 참고자료를 얻는다. 여기에 대해 논의하자. 인터넷을 통해 판매하면 사업뿐 아니라 사업계획서와 관련해서도 여러 가지 새로운 사안이 떠오른다.

- 웹사이트는 얼마나 안전한가? 컴퓨터나 프린터기가 고장 나면 하루나 일주일을 허탕 치는가?
- 방화벽과 바이러스 방지 프로그램을 설치했고 백업파일을 잘 마련했으며 고객 정보는 암호화했나?
- 웹사이트를 보유하고 있는가 아니면 다른 회사의 것을 얻어 쓰고(임대형) 있나?
- 웹사이트를 특별히 영리하게 잘 디자인했나? 누가 웹사이트를 만들고 운영하나?
- 검색 엔진에 맞춰 최적화했나?
- 고객은 여러분 웹사이트를 어떻게 찾나?
- 가격 비교 웹사이트에 등록되어 있나?

- 소셜 미디어와 이메일로 마케팅을 하는가?
- 주당 방문 횟수는 얼마고 그중 얼마큼이 판매로 이어지나?

나는 작은 업체가 인터넷을 통해 치수가 매우 큰 신발을 전 세계로 판매한다는 이야기를 읽었는데, 주로 대형 검색 엔진 하나에 의지해서 고객을 모으고 있었다. 그 검색 엔진은 갑자기 검색 알고리즘을 변경했는데, 그 결과 이 회사는 사람들이 큰 신발을 검색했을 때 나오는 순위가 하락하면서 구렁에 빠졌다. 나는 이런 전문점이 왜 과거 고객 데이터베이스를 구축해서 고객에게 직접 접근하지 않았는지, 왜 좋은 서비스를 제공하거나 '다음 구매 시 할인' 등과 같은 전략을 이용해서 단골을 확보하지 않았는지 궁금했다. 이 회사 주인이 사업계획서를 써보면서 '영업 99%가 XXX 검색 엔진을 통해 이루어진다'라는 말을 넣었다면, 의존성과 취약성에 대해 스스로 의문을 떠올리고 이 부분에 대해 다뤄야겠다고 생각하지 않았을까?

인터넷 판매에 관한 큰 문제 중 하나는 한두 경로에 의존한다는 것이고, 다른 하나는 시장이 급변할 수 있다는 것이다. 내 사업은 인터넷에서 책을 판매하는 것이다. 우리는 연중 특정 시기에 공급사로부터 제품을 저렴하게 대량으로 공급받은 다음 경쟁사보다 가격을 낮출 수 있을 때 특별 판촉활동을 벌인다. 이 행사를 벌였던 첫해에는 경쟁사들도 2주일 안에 여러 상품 가격을 우리와 비슷하거나 더 낮게 조정했다. 두 번째 해에는 1주일 안에 전체 인기도서 가격을 우리와 같게 만들었다. 현재 우리는 가격이 중요한 이 시장에서 끊임없이 가격을 확인해야 한다. 이런 문제들도 여러분이 사업계획서를 쓰는 방식에 포함해야 한다. 취약성과 '만약에 생길 문제'를 다루는 것이 그 어느 때보다 중요해졌다. 시장가격이 크게 변동하지는 않는지, 가격 비교 및 조정 소프트웨어를 사용하는지, 매일 컴퓨터 앞에 앉아서 직접 가격을 조정하는지 이야기하자.

여러분 웹사이트는 판매를 위한 것인가? 예를 들어 자문회사는 웹사이트를 통해 새 의뢰를 받는 일은 거의 없지만 대부분이 웹사이트를 보유하고 있을 것이다. 다른 직접적인 판매 방식을 강화하는 것이 목적이기 때문이다. 보통 소개나 직접적인 연락을 통해 잠재적 고객을 확보하면, 웹사이트를 통해 프레젠테이션에 무게를 더하면서 판매를 강화한다. 그러니 사업계획서에 웹사이트의 목적이 무엇인지 이야기하자.

사람들은 여느 전통적인 사업과 똑같은 상황인데도 인터넷과 관련되면 달리 바라보는 경우가 있다. 나는 어느 인터넷 기반 업체가 쓴 사업계획서를 받았는데, 자기들을 아마존에 버금가게 설명하고 있었다. 당시 아마존은 세계 매출이 2천 배나 높았다. 이런 비교가 온당한가? 만약 오프라인 소매업이라면, 예컨대 가족이 운영하는 슈퍼마켓이라면, 자기를 테스코(Tesco)나 까르푸(Carrefour)나 월마트(Walmart)와 비교했을까? 그렇지 않았을 것이다. 인터넷은 과대망상을 유발하기 쉽다.

동향

시장은 어떤 동향을 보이는가? 어떤 변화가 일어날 것 같은가?

> 내 고객은 일광욕하는 사람을 자외선으로부터 보호하는 장치를 만들었다. 장치는 파장이 더 짧은 UVA 광선에 효과적이었다. 그런데 뉴스에서 파장이 더 긴 UVB 광선도 중요하다고 강조하기 시작했다. 문제는 기술적 효율성이 아니라 효과적인 마케팅으로 대응하여 고객 신뢰를 유지하는 일이었다.
>
> (기업 재무 상담사)

여러분은 시장 동향에 대해 반드시 논의해야 한다. 증가하거나 감소하거나 변동하는 요소를 측정해야 하며, 다음을 반드시 포함해야 한다.

- 시장 규모
- 가격
- 경쟁
- 기술

마케팅 관련 사안도 다뤄야 하는데, 다음과 같은 예를 들 수 있다.

- 외식업 내 가벼운 식사 동향
- 남성 캐주얼의류 동향
- 여행업 내 장거리 휴가 동향

투자자는 성장 중인 시장을 좋아하는데, 매출을 늘리기가 더 쉽기 때문이다. 하지만 성장하는 시장은 경쟁자를 더 많이 끌어들이는 경향이 있어서 가격이 하락하기에 십상이다. 이런 문제는 사업계획서에서 꼭 다뤄야 한다.

예상할 수 있는 변화도 있다. 사업계획서를 읽는 사람은 무슨 일이 일어날지에 대해 불확실하나마 알길 원한다. 다시 말하지만, 문제를 거론하면 상대방이 여러분 프로젝트에서 부정적인 기운을 느끼기 전에 막을 수 있다. 서점이 좋은 사례다. 사교모임에서든 업무회의에서든 사람들은 인터넷 서점이 심각한 영향을 미쳤는지, 아이들이 예전만큼 책을 읽는지 묻곤 한다. 인터넷을 판매 동향이나 아이들이 책을 덜 읽는 추세는 쉽게 파악할 수 있다. 이런 문제를 사업계획서에 포함하면, 거기에 대해 고민할 기회가 생긴다. 어쩌면 인터넷이 시장을 100% 점유하지 않을 것이며 소매업이 이윤을 낼 수 있는 틈새가 남아있으리란 점을 관찰할 것이다. 전반적인 도서 시장은 정체 상태이지만 감소하지는 않는 것으로 나타날 수도 있다.

엄청나게 수고를 들이거나 200쪽짜리 문서를 만들 필요는 없다. 문제마다 한마디씩 언급하거나 한 단락 정도로 다루면 된다.

경쟁 우위

사업이 경쟁 우위가 있다면 마음껏 자랑하라. 비교 우위는 여러분 제품이나 서비스에 필수적이며 여러분이 이기는 데 필요한 재료다.

명백한 우위는 원가다. 무언가를 다른 누구보다 더 싸게 생산할 수 있으면 경쟁사보다 확실히 유리하다. 판매 가격을 낮추거나 중개수수료를 더 내고도 여전히 경쟁사보다 이윤을 더 많이 남길 수 있다.

또 다른 경쟁 우위로는 기술적 진보가 있다. 예를 들어 다이슨(Dyson) 진공청소기는 경쟁사 제품보다 흡입력이 더 강하며, 그 결과 영국 시장 점유율 50%를 달성했다.

경쟁 우위는 대부분 수명이 한정적이다. 특허는 만료되고, 경쟁사가 여러분만큼 원가를 낮출 방법을 찾아냄으로써 원가 우위도 줄어든다. 이 부분도 사업계획서에서 다뤄야 하는데, 넣지 않아도 읽는 사람이 물어볼 것이다. 얼마나 오래 우위를 점할 수 있을지 추산하자. 시간이 지남에 따라 초기 경쟁 우위는 줄어들겠지만 다른 경쟁 우위를 확보할 것이라고 주장할 수도 있다. 예를 들어 여러분은 브랜드 인지도를 강력하게 키움으로써 특허가 만료되고 경쟁사가 여러분 제품을 따라 하게 된 뒤에도 시장 선두 자리를 지킬 수 있다.

더 규모가 작은 사업도 마찬가지다. 어떤 지역에 가장 큰 아동복 전문점을 연다고 해보자. 그러면 제품 범위가 더 다양할 뿐 아니라 여러분이 매장을 열고 나면 다른 경쟁자가 똑같은 규모로 매장을 여는 것이 상업적으로 불가능하다는 점에서 우위를 확보했다고 주장할 수 있다.

예를 들면 다음과 같은 요소들을 통해 경쟁 우위를 확보할 수 있다.

- 가격
- 기술
- 브랜드
- 다양성
- 지역 독점 (예: 쇼핑센터 내 유일한 서점)
- 위치 (예: 전경이 좋은 호텔이나 고속도로 입구와 가장 가까이에 있는 주유소)
- 유통 (예: 주요 소매업 체인과의 독점 유통 협약)
- 구매 (예: 유일한 제조업체와의 독점 구매 협약)

경쟁 우위를 확보하려면, 독특하고 경쟁사가 즉시 따라 하지 못하는 재료를 사용해야 한다. 이상적으로 말해 여러분이 지닌 다양한 특색이 서로를 강화하면, 종합적으로 봤을 때 경쟁사가 여러분의 시스템 전체를 따라 하는 것은 매우 어려워진다. 고전적인 사례로는 저가 항공사를 들 수 있는데, 다양한 운영 요소를 결합하여 낮은 원가 기반을 형성하기 때문이다. 반면 대형 항공사는 나머지 사업 부문을 희생하지 않고는 이런 요소를 통째로 따라 할 수 없다. 대형 항공사에서 저가항공 계열사를 별도로 설립한다 해도, 그 계열사는 다른 경쟁자와 마찬가지로 대형 항공 계열사와 경쟁하며 일을 빼앗을 뿐이다.

경쟁 우위가 있으면 '독특한 판매 제안(UPS)'를 할 수 있다. 특별한 장점이 있으면 이윤을 높이고, 은행에 더 큰 담보를 제시하고, 투자자에게 더 큰 수익을 돌려줄 기회가 생긴다.

시장 세분화

시장은 종종 여러 부분으로 나뉘거나 틈새가 있다. 여러분은 고유한 특징이 있는 시장 부분에서 영업할 수도 있다. 예를 들어 차량 정비소를 운영하는데, 알파로메오(Alfa Romeo) 자동차를 전문으로 다룬다면 틈새시장에 있는 셈이다. 여러분이 거대한 시장에서 이 작은 틈새를 지배할 계획이라면, 틈새시장에 경쟁사가 몇 없는 데다 같은 지역에는 전혀 없어서 높은 가격을 부과할 수 있는 한, 전체 시장이 아무리 경쟁이 심하다고 해도 문제가 되지 않을 것이다.

세분 시장에서 영업한다면, 고유한 특징을 보여주는 것이 매우 중요하다.

차별화

여러분의 제품이나 서비스는 경쟁사와 다른가? 많은 업체가 '원자재 시장'에서 영업을 하면서도 성공한다. 그러나 경쟁사도 똑같은 제품을 팔고 있으니 성공하려면 가격을 낮추는 수밖에 없다. 아니면 경쟁사보다 더 효율적으로 유통과정을 통제하든지 말이다. 하지만 대부분 업체는 자기 제품이나 서비스를 다음과 같은 부분에서 다소 차별화하려고 노력한다.

- 편익 / 성격 / 특징
- 제품 품질
- 서비스 품질
- 판매 후 지원
- 외형
- 이미지

여러분은 어떤 점이 다른지 설명해야 하는데, 그러면 여러분이 왜 성공할지 이야기하는 데도 큰 도움이 되기 때문이다. 경쟁사가 왜 여러분을 단순히 따라 할 수 없는지 설명하는 데도 큰 도움이 된다. 만약 따라 한다 하더라도, 당장은 아닐 것이다.

오래전부터 맥도날드는 경쟁사를 포함해서 모든 사람에게 기꺼이 식당을 공개했다. 자기들은 업무를 조직하는 전체 방식이 특별하므로 겉모습은 흉내 내더라도 조직의 모든 측면을 따라 하는 데는 아무도 성공하지 못할 것이라 믿었기 때문이다. 이는 시장 위치나 수명이 짧은 디자인 특징보다 훨씬 중요한 차별점이다.

가격 책정

대부분 사업은 가격을 책정하는 전략이 무척 중요한데 이 주제만 가지고도 책을 한 권 쓸 수 있을 정도다. 실제로 가격 및 사업 전략은 밀접하게 얽혀있다. 가격을 정하는 일 자체는 사업계획서에 따로 특정 공간을 마련해서까지는 아니더라도 꼭 다뤄야 한다. 시장에 관해 묘사할 때든, 제안을 이야기할 때든, 여러분이 왜 특별한지 설명할 때든 말이다. 가격 정책에 할인이나 무료 증정이 포함된다면 사업계획서 재무 부분에서 할인한 값을 보여줘야 한다.

정가로 제품을 파는 서점조차 할인, '1개 사면 1개 무료' 행사,

고객 카드 등처럼 온갖 가격 책정 전략을 사용할 것이다. 컴퓨터 제조업체는 가격을 다르게 부과할 것인데, 아마 기본 모델은 공격적인 가격 정책을 취하면서, 업그레이드나 수리, 예비 부품에 추가 비용을 덧붙일 것이다. 시장의 지리적 위치나 고객 유형에 따라 가격을 다르게 받을 수도 있는데, 예를 들면 공공 부문에는 저가형 모델을 공급할 것이다. 이런 고려사항은 서비스 산업에도 똑같이 적용된다. 회계사는 소득신고 대책을 저렴하게 알려주지만, 세금을 계산하면서 더 복잡한 조언을 하게 되면 수수료를 훨씬 더 많이 부과한다.

대부분 사업은 가격 책정 전략이 중요한 경쟁 도구이자 중요한 성공 요인이므로, 여러분의 전략을 설명해야 한다. 시장 꼭대기나 바닥을 목표로 하는지, 시장을 분할 하는지, 제품이나 서비스를 경쟁사와 차별화하는지, 제품 가격을 다양하게 책정할지 말이다. 고급 서비스를 고가로 제공하는 전략도 드물지 않다. 가격을 결정할 때 다뤄야 하는 사안으로는 할인뿐 아니라 묶음 판매, 충성도 전략, 무료 '증정품' 수량, 반대로 제품 일부를 제거해서 별도 판매하는 전략 같은 문제도 있다. 마지막에 언급한 사례로는 서비스나 지원에 별도로 붙는 요금이 있다.

단기 손실을 감수하지 않으면서 경쟁사보다 낮은 가격을 오래

유지할 방법은 원가를 경쟁사보다 낮추는 것뿐이라는 점을 기억해야 하는데, 그렇지 않으면 원가가 낮은 경쟁사가 가격을 더 낮게 유지할 것이다. 낮은 원가를 기반으로 해도 가격을 낮추는 전략은 위험할 수 있는데, 경쟁사가 더 큰 '지갑'을 갖고 있어서 자금 손실을 개의치 않고 여러분에 대응하여 가격을 낮출 수도 있기 때문이다. 영국 버진트레인(Virgin Trains)이 특정 노선을 운행 중단하자 지역 경쟁사가 발을 들이밀며 더 낮은 가격을 제시했는데, 조금 더 긴 구간에 훨씬 더 높은 가격을 부과했던 버진트레인과 극명하게 대조가 됐다. 대기업인 버진트레인은 즉시 대응하여 경쟁사와 같은 가격에 서비스를 재도입했다.

진입 장벽

은행과 투자자는 경쟁으로부터 어떻게든 보호받는 사업을 좋아한다. 보호받는 사업은 대개 소득을 보장받고 이윤도 정상 이윤보다 높다. 예를 들어 카지노는 보호받는 사업인데, 대개 법적으로 지역당 카지노 수를 제한한다. 반면 시내 중심가에 있는 소매 매장은 옆집에 문을 여는 경쟁사로부터 보호받지 못한다. 이런 경쟁에 관한 사례가 하나 생각나는데, 한 아동복매장 주인이 옆 가게에 똑같이 아동복매장을 차린 사람 때문에 고통받는 일이 있었다.

유의미한 진입 장벽으로는 다음과 같은 것들이 있다.

- 고가 장비 또는 브랜드 인지도 구축 비용
- 특허 또는 희소한 기술 정보
- 허가 (예: 약국은 허가를 받아야 한다)
- 위치 (예: 앞서 가볍게 이야기한 대로 고속도로 전 마지막 주유소에는 이득이 있으며 다른 사람이 흉내 내기도 어렵다)
- 희소 자원에 대한 접근성 (예: 소금 생산업자는 소금 광산에 위치한다)
- 강한 브랜드

이렇게 경쟁으로부터 사업을 보호해줄 것을 가지고 있다면 사업계획서에 포함하자.

큰 변화와 신기술

상황은 변하기 마련이므로, 사업계획서를 읽는 사람에게 여러분이 이 사실을 알고 있음을 알려야 한다. 이런 도전을 받으면 대응할 수 있거나 오히려 기회로 삼을 수 있다고 알려 주자. 이런 변화는 대부분 새로운 기술 때문에 발생하지만 전부 그런 것은 아니다.

시장 변화 사례

다들 알다시피 인터넷을 통한 도서 판매가 증가하고 있으며 전자책도 인기를 얻고 있다. 서점은 이런 도전을 어떻게 받아들일까? 그러나 덜 기술적인 다른 위협도 잊어선 안 된다. 슈퍼마켓들은 인기도서를 점점 더 많이 진열하고 가격도 낮게 매기고 있다. 슈퍼마켓들은 크리스마스 같이 판매가 급증하는 시기에는 특히 할인을 많이 한다.

요즘은 인터넷에서 온갖 제품과 서비스를 판매하는데, 음악과 책뿐 아니라 카메라와 프라이팬, 옷도 있다. 서비스업마저도 인터넷에서 영향을 받는다. 사업 전문가는 고객을 찾아가서 세미나를 열었을 수도 있지만, 현재는 인터넷 강의로 대신한다. 준비하는 데 걸린 하루와 이동하는 데 걸린 하루와 행사 당일 하루만큼 고객에게 금액을 청구할 수도 있었지만, 현재 고객은 총 하루치 금액만 지급한다. 이런 현상은 사업 모델에 대한 도전이 되어 소득을 감소시킬까? 아니면 같은 인터넷 특강을 고객 십여 명에게 팔고 웹사이트를 통해 시장에 내놓음으로써 소득을 높일 기회가 될까?

이런 변화는 '시장 동향'이나 '경쟁 우위'에 대해 쓸 때 언급했을 수도 있다. 여러분은 반복을 피하고 사업계획서에서 겹치는 두 부분을 통합하려고 노력해야 한다. 하지만 이런 아이디어들을 전부 한 곳에 담는 게 억지 같다면 조금 반복하는 정도는 두려워하지 말자.

변화에 반응하여 어떻게 행동할지에 집중하면서 다음을 설명하자.

- 왜 여러분이 예측하는 변화는 심각한 위협이 아닌가.
- 그 변화에 대처하기 위해 무엇을 할 것인가.
- 변화를 어떻게 이용해서 사업을 부양할 것인가.

자신을 기만하는 답을 해선 안 되는데, 읽는 사람도 희망 사항에 불과할 뿐임을 감지할 것이기 때문이다. 문제가 있다면 당장 사업계획서에서 다뤄야 한다. 아이디어를 명확히 하는 것 역시 사업계획서를 작성하는 목적 중 일부다.

투자자는 새 기술이 실패하거나 더 새로운 기술에 추월당할까 두려워한다. CD롬을 사용하는 사업체를 설립했다면 다음 세대

기술에 대해서도 다뤄야 한다. 프로젝트를 가치 있게 만들고 싶다면 단기에 충분히 이윤을 낼 수 있다는 설명도 괜찮은 접근법이다. 또 이미 다음 일어날 일에 관해 계획하고 있음을 보여주는 것도 이해가 되는 대답이다. 중요한 점은 질문에 관해 타당한 답을 마련하고 상대가 묻기 전에 먼저 답하는 것이다.

혼합 전략

우리는 아마존을 통해 책을 판매하는데, 일반적으로 상품마다 최저가를 책정하려고 노력한다. 그러나 서비스 면에서도 경쟁을 벌이므로 배송에 이틀 밖에 안 걸리는 우리와 비교해서 2주나 걸리는 미국 측 경쟁사보다는 높은 가격을 매기고자 한다. 또 고객 평가가 매우 낮은 경쟁사보다도 가격을 높게 책정한다. 여러분 사업이 복합적이거나 복잡한 전략을 사용한다면 거기에 관해 설명하자.

요약정리

- 시장 특징과 구조, 동향을 어느 정도 자세하게 설명하자.
- 경쟁사는 누구고 어떻게 경쟁하는지 이야기하자.
- 여러분의 비교 우위나 고유 판매 계획은 무엇인지 이야기하자.

05 운영

어떤 사업이냐에 따라 운영 방식을 설명해야 할 수도 있다. 만약 사업계획서를 읽는 사람이 여러분이 속한 산업을 이해하지 못한다면 주요 요소들을 설명해야 한다. 상대방 스스로가 산업을 이해했다고 생각할 때도 마찬가지로 꼭 설명해야 하는데 틀리게 알고 있어서 공부가 필요할지도 모르기 때문이다. 자본가들은 보통 다양한 산업을 피상적으로 경험할 것이므로 자세한 질문에 대비하자. 적어도 자본가는 여러분 스스로가 사업을 정말로 이해하는지 알길 원한다.

운영 방식에 관해 설명하는 것이 특히 중요한 이유는 두 가지다.

1. 여러분의 경쟁 우위는 여러분이 일상 업무를 어떻게 계획

하는지에 달렸을 수도 있다. 여기에 관해 설명하지 않으면, 상대방은 여러분이 왜 남다르고 얼마나 뛰어난지 이해하지 못할 것이다.

2. 사업계획서를 읽는 사람이 산업의 작동 방식을 오해하면, 산업에 대해 잘못 평가할 수 있으므로, 만약 여러분을 지원한다고 해도 앞으로 관계가 안 좋아질 것이다. 따라서
   - 프로세스를 설명하자.
   - 통제 수단을 입증하자.
   - 차별점을 강조하자.
   - 경험을 보여주자.

나는 이것들을 논리적 순서에 엄격하게 얽매이지 않고 설명하려 한다.

차별점

여러분이 남다르고 더 낫다는 사실을 보여주어야 하므로 여러분이 전달하고자 하는 차별점부터 시작하자.

내 서점 사례로 돌아가자. 내가 계획한 경쟁 우위 중 일부는 재고 대부분을 도매상 한두 곳에서 조달하겠다는 제안에 기초한

다. 이 제안으로 얻는 혜택은 다음과 같다.

- 전통적인 서점은 수백 수천 곳에 달하는 공급사에서 책을 구매하는데, 이런 방식에 비해 관리 부담이 적다.
- 도매업자와 컴퓨터를 연계하여 전용 시스템을 구축하므로 직원이 매장에 들어온 상품을 점검하느라 쓰는 시간이 줄어든다.
- 직원이 재고를 구매하는 데 쓰는 시간이 줄어드는데, 도매업자가 그 일을 상당 부분 맡아주기 때문이다.
- 공급사 한두 곳과 대량으로 거래하는 방침에 따라 거래 조건이 개선된다.

이것들은 중요한 이득이다. 운영비가 줄어들 뿐 아니라 직원이 다른 제약에서 벗어나서 고객을 응대하는 데 시간을 더 많이 씀으로써 더 고객 중심적으로 접근하는 데 도움이 되기 때문이다. 여러분 사업도 저마다 차별점과 이익이 있을 것이다. 그 점을 목록으로 작성해서 사업계획서에 꼭 기재하자.

다른 사업자와는 운영 방식이 어떻게 다른지도 설명해야 할 것이다. 앞서 혜택을 나열하면서 '적다', '줄어든다'. '개선된다' 같은 말을 강조했음에 주목하자.

절차

여러분이 강조하고픈 차별점을 끄집어내려면, 관련된 운영 절차에 관해서 설명해야 할 것이다.

우리 서점을 예로 들면, 주요 절차는 다음과 같다.

- **구매**
  - 책 선별
  - 공급처와 판매 수익 협상
- **재고 관리**
  - 재고 관리 시스템에 재고 기록
  - 회전율이 느린 책 반품/가격 인하
  - 정기 재고 계산
- **신규 매장 설립**
  - 대리점주와 교섭
  - 임대차계약 협상
  - 변호사와 교섭
- **매장 디자인**
  - 디자이너, 건축업자, 공급사와 협력
- **제품 진열 및 홍보**

- 매장 전시
- 홍보용 전시 제품 선정
- 홍보 자료 디자인
- 홍보 행사 계획
- 공급사와 홍보 지원 협상

• **매장 관리**

- 절차 및 시스템 확립
- 인사 관리
- 직원 교육
- 웹사이트
- 시장 연결
- 재고 관리
- 소셜 미디어

사업계획서에서는 이렇게 복합적이고 중요한 요소를 설명하면서, 경쟁사와 비교해서 유리한 점을 강조해야 한다. 앞서 간단하게 적어둔 목록 외에도, 예컨대 우리는 매장 디자인이 경쟁 서점보다 더 밝고, 살갑고, 현대적이라는 점을 발견했다.

여러분 사업이 소매업 체인과 얼마나 다른지는 모르지만, 여러분도 비슷한 방식으로 절차를 분해해서 설명하고 중요한 요소를 끄집어낼 수 있다.

통제

기업 운영을 설명할 때는 운영 통제 방법에 주의를 쏟아야 한다. 앞선 사례로 돌아가서, 다음과 같은 문제를 논의하자.

- 재고가 너무 쌓여서 운전 자본을 잠식하는 상황을 막으려면 재고 수준을 어떻게 통제해야 할까?
- 회전율이 낮거나 오래된 재고는 어떻게 찾아낼까?
- 적절한 재고 상태, 즉, 인기도서가 바닥나지 않고 적절하게 다양한 도서를 보유한 상태를 어떻게 확보할까?
- 어떻게 초과 근무 수당을 조절하고 예산 수준 안에서 유지할까?

특히 투자자를 대할 때는 여러분이 사업 수단을 통제할 수 있음을 설명하는 것이 매우 중요하다. 훌륭한 전략 문서를 쓰는 것도 매우 좋지만, 투자자가 알고 싶은 것은 여러분에게 지식과 시스템, 기술이 있어서 업무를 진행할 수 있고 상황이 잘못됐을 때 대처할 수 있는가이다. 얼마나 성공했든 사실상 모든 사업에서는 안 좋은 상황이 벌어지기 마련이므로, 사업계획서를 읽는 사람은 여러분이 현재 상황을 인지하고 '문제를 막을' 수 있을지 알고 싶은 것이다.

경험

경험은 경영에 관한 부분에서도 다룬다. 하지만 운영에 관한 부분에서도 경험에 관해 이야기해야 할지 모르는데, 여러분이 설명하는 사업을 운영할 수 있다는 증거를 보여줘야 하기 때문이다. 여러분과 팀원에게 관련 경험이 적을수록, 사업을 통제할 방안을 더 집중해서 설명해야 한다. 따라서 경험상 완전히 새로운 분야에서 사업을 시작하려 한다면 일상 업무방식을 알고 있다며 강하게 설득해야 한다. 사업계획서에서 무언가 중요한 것을 빠뜨리고 후속 회의에서도 날카로운 질문에 답하지 못한다면, 끝장일 수도 있다.

공급

공급 문제를 따로 다뤄야 하는 사업이 있는가 하면 운영과 함께 다루는 사업도 있다. 공급 문제가 더 중요하고 더 복잡할수록, 여러분 계획서가 더 색다를수록, 공급을 더 강조해야 할 것이다.

소매업이나 도매업, 대리점 사업, 유통 사업에서는 당연히 공급이 매우 중요하다. 이용할 수 있는 공급사가 몇 안 되거나 공급 체인이 복잡하다면 공급 안정성을 보여줘야 한다. 공급사 한 곳이 제품을 주지 않거나 가격을 올리면 여러분 사업은 무너지는가? 이런 문제에 어떻게 대처할 수 있나? 공급사 한 곳이 파산한다면? 자동차 대리점과 같은 이런 종류 사업체 중에는 성공한 회사도 많다. 그렇다 하더라도 여러분은 어떻게 대처할지 설명해야 한다. 예를 들어 자동차 대리점은 최우선 공급사가 파산한다면 다른 제조업체 제품으로 재고를 확보한다는 대안을 마련할 수 있다.

계약 관계를 맺어서 적어도 일정 기간은 공급을 보장할 수 있는가? 그렇다면 계약서가 기밀이 아닌 한 사본을 부록에 넣자. 기밀이라도 적절한 때가 오면 자본가에게 보여줘야 할 것이다.

가격과 판매 수익은 어떤가? 공급사가 여러분에게 판매하는 가격을 좌우하거나, 여러분에게도 협상할 힘이 있는가?

온라인 사업이라면, 인터넷 서비스 제공업체가 주요 공급사다. 굴착기가 길을 파다가 인터넷 케이블을 끊으면 대처할 방법이 있나? 호스팅 업체는 얼마나 믿을 만하고 비용은 얼마나 드는가?

컴퓨터 시스템

어떤 사업에서는 컴퓨터 시스템이 성공으로 가는 열쇠다. 여러분 사업이 그중 하나라면 사업계획서에 상당한 공간을 할애해서 컴퓨터 시스템에 관해 설명해야 한다. 인터넷 사업이라면 당연히 컴퓨터 시스템에 할애할 공간이 많이 필요할 것이다. 하지만 도서 도매업 역시 컴퓨터 시스템에 의존한다. 몇몇 업체는 컴퓨터 시스템을 개선하는 데 실패한 나머지 큰 손해를 입었으며 파산하기도 했다.

오늘날엔 대부분 사업이 최소한 어떤 총괄 컴퓨터 시스템을 사용할 계획인지 말하거나 그 시스템을 선택하는 과정을 설명해야 한다. 예를 들어 서점 체인용 사업계획서를 작성한다면 우리는 서점에서 사용할 수 있는 전용 컴퓨터 시스템 '기성품'을 서너 가지는 나열하고, 그것들로 무엇을 할 수 있는지 간단히 설명하고, 대략적인 비용을 보여줄 수 있다.

대부분 사업체는 웹사이트를 만들 것이다. 전자상거래용으로도 많이 쓸 테지만, 신뢰를 구축하고 정보를 제공하는 데도 사용할 것이다. 웹사이트를 어떤 목적으로 사용하는지 뿐 아니라 웹사이트가 주로 어떤 방식으로 작동하는지, 웹사이트를 어떻게 시장에 내놓을지, 웹사이트를 보완하는 데 어떤 소셜 미디어를 사용할지 등에 관해 설명하자. 컴퓨터 시스템은 사업계획서에 꼭 넣어야 하는 항목은 아니다. 여러분 고객이 나이가 많고 소셜 미디어를 사용하지 않는다면, 컴퓨터 시스템은 여러분에게 적절하지 않을 것이다. 내가 여기에서 컴퓨터 시스템을 다루는 이유는 수많은 업체가 브랜드 및 평판을 촉진하고 관리하는 데 컴퓨터 시스템을 사용하기 때문이다.

위치와 환경

많은 사업에서 위치는 중요하지 않으며 살펴볼 가치가 거의 없다. 예를 들어 회계사무소나 컴퓨터 소프트웨어 회사는 감당할 수 있는 가격 선에서 적절한 부지를 찾는 데 어려움을 겪을 가능성이 별로 없다. 반면 소매업은 적당한 위치에서 적당한 부지를 적당한 가격에 구하는 것이 무척 중요하다. 여기에 성공하는 데는 많은 요인이 영향을 미친다.

- 좋은 위치를 알아보는 능력
- 잠재적 부동산 임대인에게 계약을 이행할 수 있음을 보여주는 재정 능력
- 위치 경쟁

- 부동산 중개인과의 연락
- 부동산 임대인이 보기에 여러분 사업이 지닌 매력

다른 사업에서도 장소가 매우 중요하다. 오락산업은 많은 서비스업과 마찬가지로 좋은 장소가 필요하다. 테니스 클럽은 대개 지역 당국과 협상하여 땅을 특별 조건으로 임차해야 한다. 사업을 시행하려면 이 협상이 중요한데, 지역 당국도 오락 시설을 제공해야 하는 의무를 이행할 수 있으니 구미가 당길 것이다.

지역 당국에서 개발 허가를 받을 때 고려해야 하는 사항도 중요할 수 있다. 부동산 개발업자가 요트 정박지나 주택 단지를 건설하기 위해 사업계획서를 작성하는데, 개발 동의에 대한 논의를 빠트리는 것은 당연히 영리하지 못한 행동이다. 그 밖에도 이런 동의가 필요한 사업이 있으며, 여러분도 관련이 있다면 사업계획서에서 이 부분을 논의해야 한다.

위치는 다른 이유로도 중요할 수 있다. 어떤 사업은 숙련된 노동력이 있는 곳이나 대학 도시 근처에 있어야 한다. 여러분 사업이 여기에 해당한다면, 여러분이 필요한 위치에 적절한 부지를 확보하는 데 어려움이 없음을 입증하자. 그러나 어떤 사업은 놀라울 정도로 형편없는 위치에서도 운영할 수 있다. 어떤 꽃집은

작고 한적한 상권에서 영업하지만, 오랫동안 명성을 쌓은 덕분에 그 자체로 목적지가 되어 번창한다.

규제

여러분이 영업하는 데 다음과 같은 허가가 필요하다면, 운영 부분에 자세히 담아야 한다.

- 개발 허가
- 환경 위생
- 도박장 면허
- 주류 판매 면허

영국에서 대중에게 공개한 공간은 화제 안전 인증이 필요하다. 대개는 문제가 안 되지만 여러분이 여기에 해당한다면, 사업계획서에서 이 문제를 다뤄야 한다.

계획 규제 대상인 건물에서 영업할 계획인가? 그렇다면 이때 발생하는 문제에 대해 논의해야 한다. 이런 건물에 있는 호텔이나 레스토랑, 가게는 분위기는 근사할지 몰라도 새 계단이나 간판을 달려면 허가를 받아야 하는 문제가 생길 수도 있다. 누가 여러분 계획에 반대하는가? 그로 인해 지연 기간이나 비용이 어떤 영향을 받으며, 여러분은 어떻게 동의를 얻어낼 것인가? 전문 자문가를 이용하고 있나?

연습하기

- 운영상 주요 단계를 나열하자.
- 각 단계에서 나타나는 주요 특징을 나열하자.
- 각 단계에서 도움이 되는 사안과 방해가 될만한 요소를 하나씩 적어보자.
- 여러분이 도움이 되는 사안을 어떻게 최적화하고 방해 요소를 어떻게 해결할지에 대해 두어 문장으로 요약하자.

요약정리

- 여러분 사업이 어떻게 작동하고 무엇 때문에 차별화되는지에 대해 중요한 사항을 자세히 설명하자.
- 공급사, 지역, 숙련 노동자 등과 같은 투입요소를 잊지 말고 설명하자.
- 통제 수단에 관해 이야기하자. 여러분은 운영 및 외부 규제를 어떻게 통제하는가? 6. 경영

06
경영

연구에 따르면 투자자들이 제안서를 평가할 때 가장 중요하게 여기는 요소는 자기들이 지원할 경영진이다.

> 좋은 경영진은 척박한 시장이나 쇠퇴하는 산업 안에서도 '잘 해낼' 수 있지만, 허약한 경영진은 호황 중인 시장에서도 살아남을 수 없다.
>
> (벤처 캐피털리스트)

여러분 팀은 지원을 받아야 한다. 여러분은 그렇게 할 수 있다. 그러니 사업계획서를 읽는 사람에게 여러분 자신에 관해 이야기하고, 매력을 뽐내면서, 다음과 같이 중요한 배경 정보를 전달하자.

- 이 사업이나 프로젝트와 관련하여 어떤 경험을 했나?
- 이 사업이나 프로젝트와 관련하여 어떤 기술을 갖췄나?
- 팀에는 어떤 약점이 있으며 이를 어떻게 다룰 것인가?
- 과거에 성공했던 증거를 보여줄 수 있나?

최고 경영진 각자에 관해 매우 간단하게 배경 정보를 제공하자. 사람별로 나이, 학위나 전문 자격, 업계 경력, 현재 또는 미래 직무, 눈에 띄는 과거 고용 경험, 회사 지분을 갖고 있다면 주식 보유량 등에 대해 알려주자.

각 사람이 성취한 것에 관해 적고 승진 경험을 강조하자. 현재 또는 내정된 직책과 관련하여 경험과 자질, 장점을 보여주자.

존 스미스 (John Smith): 41세, 이학사, 회계사, 재무이사

2005년에 재무 이사로서 회사에 합류했다. 2005년에 메가코퍼레이션

(Mega Corporation)에게 매각당할 때까지 2001년부터 존스아말가메이트(Jones Amalgamated) 유한회사에서 기업 재무 관리자로 근무했다. 존스아말가메이트에서는 재무 보고를 담당했으며, 2004년에는 1억2천만 파운드어치 신주를 발행하는 일에 긴밀하게 관여했고 방어 입찰 팀 일원이었다. 그 이전 경력으로는 스트론슨(Stronson) 유한회사의 자회사이자 매출액이 7천만 파운드에 달하는 시설관리회사에서 2년 동안 재정 감독으로 일한 바 있는데, 그 기간에 새 컴퓨터 및 회계 시스템 설치를 감독했다.

각 사람에 대한 더 자세한 이력서는 부록으로 첨부하자. 이력서는 한 페이지 분량을 넘지 말되 학력, 근무했던 회사별 직책과 그에 따른 직무 및 성취 내용을 자세히 기재해야 한다.

어떤 기업가는 자기선전을 하기엔 잘난 체가 심한 나머지, 확실한 정보는 거의 없이 일반적인 배경 정보만 제공한다. 이런 사람은 무언가를 숨기고 있을지도 모른다. 분명 자본가는 이런 사람을 경계할 것이다. 그럴 필요가 없어도 말이다. 이런 태도에도 불구하고 성공할 수도 있겠지만 왜 문제를 일으키는가? 스스로 더 좋은 이야기를 들려줄수록 더 좋은 인상을 남길 것이고 질문의 표적이 되는 일도 적을 것이다.

자본가들 사이에서는 내가 '알렉산더 대왕' 증후군이라고 부르는 경향이 나타난다. 이 증후군은 나이를 막론하고 찾아오며 이런 식으로 나타난다. '우리는 '해낸 적 있는'사람을 도와주고 싶다.' 따라서 이 자본가들이 정벌 사업을 지원할 셈으로 알렉산더 대왕과 면담한다면, 알려진 세계 대부분을 정복해본 경험이 있는지 알고자 할 것이다. 이것은 당연히 어처구니없는 요구이며 알렉산더 대왕은 이런 사람을 다루는 법을 알았을 것이다. 하지만 다른 한편으로 알렉산더 대왕은 아버지 사업을 이어받았기 때문에 면접을 볼 필요도 없다. 여러분은 이렇게 확실한 위치에 있지 않다. 계획을 도와줄 잠재적 후원자는 어쩌면 '예전에 해낸 적 있는' 사람만 한정해서 지원함으로써 위험을 줄이려 할 수도 있다. 반대로 똑같은 경험은 없지만, 매우 성공적인 조직을 설립한 사례도 많다. 이런 사람들은 어떻게든 지원을 받았다. 여러분은 사업계획서를 이용해서 다음과 같은 점을 설득해야 한다.

- 여러분은 똑같진 않더라도 준하는 경험이 있다.
- 여러분은 적절한 경험이 있다.
- 여러분과 사업계획서가 무척 인상적인 나머지 똑같거나, 준하

거나, 적절한 경험이 없어도 성공할 것이다.

여러분을 도와주지 않는다고 해서 비난하진 말자. 도움을 얻을 정도로 설득하지 못한 자신을 탓하자.

무엇이 적절한 경험을 구성하는지를 신중하게 생각하자 많은 사람이 생각하기에 작은 회사를 운영한 경험은 큰 회사를 운영하는 데 적합하지 않으며 반대도 마찬가지다.

줄리안 멧칼프(Julian Metcalfe)와 싱클레어 비첨(Sinclair Beecham)은 런던에 프레타망제(Pret a Manger)라는 샌드위치 전문 가맹점을 세웠다. 두 사람은 샌드위치 장사 경험이 없는, 측량업 전문가였다. 실제로 첫 번째 매장은 성공적으로 시작하지 못했다. 둘은 아이디어를 개발하며 시간을 보냈고, 성공적인 구상을 보여줄 수 있게 되기 전까지는 기본적으로 저축해둔 돈에서 자금을 마련했는데, 그런 다음에야 사업을 확장할 자금을 상당히 투자받을 수 있었으며 큰 성공을 거두었다.

그렇지만 모든 빌 게이츠가 마이크로소프트사를 설립하는 이야기가 들릴 때마다 자금을 지원받지 못한 잠재적 스타도 십여 명은 될 것이다. 여러분은 거래 파트너와 투자자를 설득해서 신규 사업에 참여시킬 수 있는데, 여러분 자신을 홍보하고 성취와 능력에 관해 외칠 준비를 해야 하며, 사람들이 여러분을 개인으로서, 여러분 팀을 한 개 단위로서 지원하도록 만들어야 한다.

여러분이 맡은 개별 책무가 분명치 않다면 여기에 관해서도 이야기하자.

예를 들면 이렇다.

피터 윌리엄스, 상무이사 (52세)
ANB 대상 판매 직접 관리

앨런 워터, 영업 마케팅 담당이사 (37세)
피터 윌리엄스와 긴밀하게 협력하여 마케팅 전략 수립 및 ANB 관련 업무 보조

사람들은 1인 기업을 지원하길 꺼리지만, 많은 사업이 강력한 한 사람에 의해 좌우되며 특히 초창기에는 더욱 그렇다. 그러면 주요 인물 한두 명이 과로하게 될까? 중요한 개인이 일주일 동

안 병가를 낸다면 무슨 일이 생길까? 전체 기업이 서서히 정지할까?

적어도 일상적인 문제는 스스로 처리할 수 있는 효율적인 팀을 보여주자. 벤처 캐피털 회사 대부분은 1인 사업에 투자하길 망설인다.

> 나는 훌륭한 출판사 설립 제안서를 받은 적이 있는데, '예전에 해낸 적 있는' 사람이 대표였다. 하지만 우리는 그 제안을 거절했다. 한 사람이 내린 결정에 돈을 투자할 사람이 어디 있겠나?
>
> (벤처 캐피털리스트)

여러분은 동업자와 함께 사업을 설립하거나, 적절한 시기에 검증된 팀이 합류할 수 있게 준비함으로써 이 문제에 대비할 수 있다.

벤처 캐피털리스트는 늘 자기가 지원하는 경영진의 이전 직장 동료로부터 추천서를 받길 원한다. 여기에 대비해서 이전 동료에게 칭찬을 받을 수 있게 하자.

조(Jo)는 전 직장에서 추천서를 두 통 받았다. 두 추천서는 조가 자세한 부분에 집중하지 못한다고 말했으며 그중 하나는 실제로 전혀 친절하지 않았다. 조는 그 평가를 상쇄할 수 있는 방법을 찾거나 다른 추천서를 받았어야 했다. 사업계획서에서 상세한 일상 문제는 피트(Pete)가 처리할 것이라고 강조하거나 자신은 자세한 사항에는 약하다고 우리에게 이야기해야 했다. 후자라도 시도했다면 우리가 우려하는 부분에 대답할 기회라도 얻었을 것이다. 당연히 우리는 프로젝트를 거절한 이유를 이야기하지 않은 채 그저 안 된다고만 말했고, 조는 자기에게 불리한 증언에 도전할 기회를 얻지 못했다.

(기업 재무 상담사)

무슨 일이 있어도 이력서에서 오점을 숨기지 말자. 우리 대부분은 자랑스럽지 못한 실패 경험이 있다. 이런 경험은 결국엔 드러나기 마련이고, 숨기려고 했던 사실이 명백하면 협상을 망칠 수도 있다. 사업 협상은 신뢰를 바탕으로 한다. 여러분이 설득하려는 사람은 여러분을 믿으려고 하지만, 그렇게 못하겠다고 느끼면 마지막 순간에라도 손을 뗄 것이다. 중단 비용을 1만 파운드를 잃는 것이, 못 믿을 사람에게 50만 파운드를 투자하는 것보다 낫다고 판단할 것이다.

본질적 차이

현실에서는 대부분은 아니라도 많은 사업체가 실제로 처음에 세웠던 계획과는 상당히 다른 계획을 바탕으로 성공한다. 상황이 변하고, 시장도 변하면, 그 위대했던 아이디어가 그다지 적절하지 않은 것으로 드러난다. 걱정하지 말자. 경영팀이 유능하다면, 타격을 피하고 계획을 수정함으로써 여전히 성공할 것이다.

내가 경영 대학원에 다닐 당시, 우리는 일본 오토바이 제조사가 세계를 제패한 방식을 공부하곤 했다. 한껏 과시한 일본인의 장점은 매우 인상적이었지만, 결국에는 일본사람도 슈퍼맨은 아니었던 것으로 드러났다. 사실 원래 아이디어는 그리 잘 작동하지 않았다. 정말로 영리했던 점은 새로운 아이디어를 모집했고 예기치 못한 상황을 발견하면 거기에 맞춰 적응했다는 것이다.

따라서 사업계획서에서는 여러분이 정말로 유능하고 어떤 어려움이 있더라도 성공할 것이라고 설득하는 것이 가장 중요하다. 벤처 캐피털리스트를 대상으로 설문조사를 할 때마다, 이 투자자들은 경영진을 가장 중요하게 여기는 것으로 나타났다. 투자자들은 사람을 먼저 지원하며 아이디어는 그다음이다.

어떤 능력이 필요한가?

사업체나 조직을 운영하는데 필요한 능력은 사업마다 다르지만 대부분 다음을 포함한다.

- 운영 (즉. 일상 업무 운영)
- 기술
- 재무
- 마케팅
- 인사

사업계획서에서는 이 능력을 포함하여 여러분이 처한 특정 상황에 맞는 여타 능력을 각각 어떻게 확보할지 설명해야 한다. 예를 들어 여러분의 제안이 선전과 광고에 크게 의존한다면 누가 이런 문제를 다룰지 사업계획서에 설명해야 한다. 외부 대행사를 사용할 생각이라도 괜찮으며, 어떤 대행사가 이 중요한 업무를 어떤 조건으로 맡았는지 자세히 설명하기만 하면 된다. 그렇게까지 하지는 아니더라도, 아주 최소한 여러분이 이 문제를 어떻게 다룰 것인지에 관해서는 말해야 한다. 더 자세하고 더 확실하게 말할수록 좋다.

여러분 팀은 약점이 있을 수도 있다. 회계사나 마케팅 담당자가 없을 수도 있다. IT 전문가가 필요할지도 모른다. 부족한 부분은 무엇이든 고치면 된다. 언제 어떻게 틈을 메꿀지에 대해 설명하자. 정말로 모르겠다면 그 필요성을 강조하기라도 하자. 문제를 이해하고 있음을 보여준다면 협력사를 구하는 데 도움이 되며 함께 문제를 풀 수 있다.

조직 구조

실제 또는 제안한 조직 구조를 그림으로 보여주면 유용하다. 당연히 조직이 매우 작다면 이런 그림은 필요가 없다. 초기에는 주요 인물이라곤 상무이사밖에 없는 작은 사업체도 많다. 하지만 제안한 사업이 더 복잡할수록 전체가 어떻게 연결되는지 보여주는 것이 중요하다.

조직 구조를 보여주자(그림 6.1 참고). 여러분은 팀이자 조직이므로 이 둘 모두의 능력을 보여줘야 한다. 조직이 어떻게 작동하는지 보여주고 무엇과 관련이 있는지 설명하자. 특정 부서에 고용한 직원 수를 알려 줌으로써 관리자들이 담당하는 업무 수준이 지나치게 과도하지 않음을 증명하자.

수년 전, 나는 내가 일하는 회사가 얼마나 잘 운영되는지 보여주기 위해 공문서를 작성하고 있었다. 그 과정에서 우리는 부서 책임자 중 하나가 최소 14명한테서 직접 보고를 받고 있음을 깨달았다. 우리가 쓰던 이 사업계획서를 투자자가 봤다면 경악했을 텐데, 한 사람이 효율적으로 관리할 수 있는 직접 보고자 수보다 훨씬 때문이다. 임시방편으로 조직도를 빼버렸지만, 이 경영 문제를 다뤄야 한다는 것을 깨달았다.

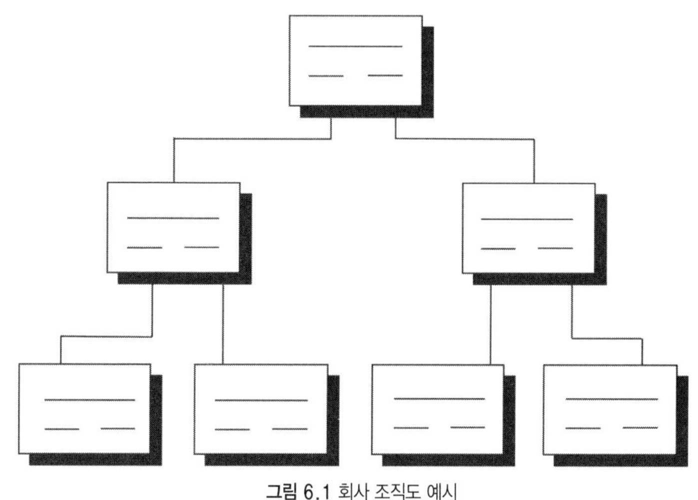

그림 6.1 회사 조직도 예시

뛰어난 개인만으로는 전쟁을 반밖에 이기지 못한다. 유능한 팀도 필요하다.

통제력 증명

사업계획서에서 언제나 여러분의 기업 통제 능력을 분명하게 보여줘야 하는 것은 아니다. 경영이나 여타 부분에서 넌지시 언급할 수도 있다. 하지만 대부분 사업계획서에서는 여러분이 자기 직무를 인지하고 있으며 기업을 통제할 수 있음을 어떤 식으로든 읽는 사람에게 보여주어야 한다. 급격한 성장 또는 변화가 예상되거나, 과거에 기업을 통제하는 데 실패해본 이력이 있는 상황에서 사업을 새로 시작하려면 이 점이 무척 중요하다.

통제란 무엇인가? 결정을 내릴 때 사용하기 위해 정확하고 시기적절한 재무 및 운영 정보를 보유하고 있음을 말한다. 사업을 통제하는 데 필요한 가장 기본적인 정보는 현재와 미래의 수익성과 현금 흐름이다. 이 정보를 말하는 데는 한 문장이면 충분하지만, 대개 그 과정은 복잡하며 실수할 가능성도 크다. '시기적절'이라는 표현 역시 중요하다. 일부 사업은 분기별이나 월별, 다른 사업은 주별이나 일별 수치가 필요할 수도 있다.

오래전 소매업을 운영하면서, 우리는 각 지점에서 하루에 2번씩 매출액을 전화로 보고받는 것이 필요하다고 생각했다. 오늘날 우리는 실시간으로 매출 자료를 받는다. 나는 집에서 온라인으로 자료를 볼 수 있고 내 동료는 핸드폰으로 본다. 우리는 일간 현금 잔액과 계정 명세서를 온라인 뱅킹으로 확인한다. 게다가 특정 기간 부서별 매출을 전기 또는 심지어 전년과 비교해 둔 매출 집계도 있다. 지점별 재고 수치와 은행 거래내용은 매주 확인한다. 각 달 말일로부터 3주 안에는 상세한 관리회계 장부를 보고 받는다.

'통제'라는 단어는 운영 사안을 가리키기도 하는데, 예를 들면 고객 수요를 충족시키는 데 필요한 재고 유형 및 수량, 위치에 관한 정확한 자료가 있다.

사업계획서에서 경영 부분을 쓸 때 팀에 회계사와 기업 운영에 능숙한 사람이 속해있다는 것만 보여줘도 충분할 수 있다. 이 팀원에게 자격이 충분하다면 사업계획서를 읽는 사람은 기업 통제 방법을 알았다며 만족할 것이다. 하지만 개인의 능력과 경험은 기업의 특정한 요구와 관련해야 하며, 그 상황에서 사업계획서를 읽는 사람이 기대하는 바와 일치해야 한다. 만약 이런 기대를 충족시키지 못하면 상대방에게 여러분 입장을 설득시켜야 한다. 사업계획서에서 다루는 산업을 직접 경험한 적이 있나? 그렇지 않다면 여러분이 사업에서 어떤 주요 요소를 어떻게 통제해야 하는지 알고 있음을 계획서에서 보여줘야 한다. 대개 대기업에서 고위직으로 근무했던 경험은 작은 회사에서 수행하는 훨씬 상세하고 일상적인 직무와는 관련이 없게 느껴진다. 사업계획서를 읽는 사람은 대기업에서 재무이사로 지냈던 사람이 작은 회사에서 지루하고 단조로운 일을 할 수 있으며 그럴 의향이 있는지 알길 원한다. 송장을 입력하고, 전화를 받고, 채무자를 추궁하며 채권자를 달래고, 은행 업무를 보고, 커피를 타고, 컴퓨터 공급사와 연락하는 등을 할 사람이 따로 없는 회사에서 말이다. 과거 경력이 덜 관련 있을수록, 여러분이 자기 일을 인지하고 있다는 사실을 읽는 사람에게 보여줄 수 있게 사업계획서에 더 공을 들여야 한다.

나는 오랜 친구와 함께 어떤 건설자재 무역 업체를 인수할 준비를 했는데, 친구는 한때 이 회사를 운영하기도 했지만 나는 경험이 없었다. 사업계획서를 꽤 훌륭하게 쓰긴 했지만, 멀리서 접한 내용을 근거로 했다. 게다가 당시 내 재무 경력은 대기업에서 쌓은 것뿐이었고 실무 수준도 아니었는데, 이 업체는 작은 회사였다.

잠재적 벤처 캐피털 자본가는 우려를 나타냈다. 우리가 경영하면 사업을 어떻게 통제할지, 어떤 보고를 이용할지, 이윤은 어떻게 계산할지에 대해 자세한 질문을 많이 던졌다. 나는 직접 경험해보지 못했기 때문에 모든 질문에 잘 대답하지는 못했고 결국 그 자본가는 우리 사업에 투자하길 거부했다.

나는 차후 경험에서 필요한 것을 매우 빨리 배울 수 있음을 보여줬지만, 실상은 사업계획서를 읽는 사람을 설득해야 하는 시기에 설득하지 못했다. 내가 사업계획서에서 '통제'에 관해 다뤘다면, 나는 후속 질문을 예방할 만큼 충분히 준비했거나 적어도 그 답을 알고 있었을 것이다.

컴퓨터는 현대의 조직 대다수에서 중요한 역할을 한다. 컴퓨터를 이용하면 예전에는 직원을 한 부대는 고용해야 얻을 수 있을 만한 정보를 더 빠르게 얻을 수 있다. 만약 사업이 성공하는 데 컴퓨터 시스템이 중요하며, 특히 이 시스템이 새로운 것일 때는 설명이 중요하다. 누가 소프트웨어를 개발할 것이고, 누가 관리할 것인가? 어떤 신규 소매업 프로젝트가 있는데, 컴퓨터 시스템이 명백한 사업 핵심은 아니지만, 오늘날 가맹점들을 관리하는 데는 중요한 역할을 한다고 하자. 사람들은 계획에 새 소프트웨어 개발이 포함되면 정당하게 회의적이라는 점을 마음에 새기자. 경험상 새로운 시스템은 대개 더디고, 예산을 초과하며, 제대로 또는 전혀 작동하지 않기 때문이다. 설명을 하고 안심시키자.

비재무적 정보 통제

'통제'라는 용어는 운영 사안을 가리키기도 하는데, 예를 들면 고객 수요를 충족시키는 데 필요한 재고 수량 및 연한, 유형, 위치에 관한 정확한 자료가 있다. 소매업을 운영하는 우리는 매장 밖까지 온 고객 수와 안으로 들어온 수를 측정하여 그 비율을 추적한다. 고객 수 대비 최종 판매 건수와 평균 매출액 동향을 살피고, 건당 판매량도 살펴보면서 무슨 일이 벌어지고 있는지 알아내려고 노력하며, 주요 측정치를 높이기 위해 무엇을 할 수 있는지 생각한다. 그 결과 우리는 계산대 옆에 줄을 안내하는 시설을 설치했을 뿐 아니라 구매 충동을 자극하도록 제품을 진열했다. 건당 판매량은 확실히 증가했다. 전자상거래 사업을 할 때는 여기에 상응하는 수치, 예컨대 웹페이지 열람 수는 물론 어쩌면 방문자가 웹페이지의 어느 부분이나 상품을 찾아봤는지까지 살펴볼 것이다. 이런 주요 요인을 사업계획서에서 논의하고 여러분이 시장과 사업에 관해 이해하고 있음을 보여주자.

제대로 이해하지 못한 채 그저 떠밀려서 살펴본다면 이런 자료가 독이 될 수도 있음을 명심하자. 예를 들어, 온라인 패션 사업체의 대표가 마케팅 관리자에게 트위터 팔로워 수를 높이는 임무를 맡겼지만, 그 결과 매출이 증가할지, 증가한다면 노력을 보상반을 정도인지는 모른다고 하자. 이 대표가 사업계획서를 쓰는데 잠재적 투자자가 트위터 팔로워 수와 매출의 관계를 보여달라고 요청한다면, 얼빠진 얼굴을 하게 될지도 모른다.

항상 조직이 성공하는 데 어떤 요소가 중요한지 생각한 다음에 사업계획서를 읽는 사람을 위해 그 요소를 어떻게 측정하고 통제할지 이야기하자. 예를 들면 다음과 같다.

- 재고가 유행에 빨리 뒤처진다면, 재고가 얼마나 오래됐는지 파악하는 방법과 재고 처리 방법을 설명하자.
- 직원이나 고객이 빈번하게 좀도둑질을 하는 업계라면, 이 문제를 어떻게 통제할지 설명하자.
- 재고 수준이 중요하다면, 재고를 어떻게 통제할 것인가? 현재는 누가 새 재고를 구매하고 있으며 어떻게 관리하고 있나?

관리

재고 관리

재고 및 재공품 관리는 제조업과 소매업뿐 아니라 거의 모든 사업에서 중요하다. 지식산업에서 재고에 대응하는 것은 프로젝트에 투자한 시간이다. 건축업에서는 건설 중이거나 완성했으되

아직 고객에게는 청구서를 보내지 않은 건축물이 해당할 것이다.

여러분은 재고를 얼마나 보유했는지, 얼마나 필요한지, 얼마나 빨리 현금화할 수 있는지 알아야 한다. 사업마다 천차만별일 것이다. 여기에 관해 알기 위해서는 재고 수량과 유형을 주기적으로 보고해주는 시스템을 통제해야 한다. 느리게 빠지거나 팔리지 않는, 소위 '사장된' 재고에 돈이 묶이진 않았나? 이런 문제를 통제할 줄 안다는 사실을 사업계획서에서 보여줘야 한다.

우리는 소매업을 운영했는데, 매달 말일로부터 3주 후에 확인할 수 있는 월간 회계장부에서 재고가 얼마나 남았는지 확인했다. 게다가 더 약식이고 덜 정확한 주간 보고 시스템을 갖춰서 가맹점으로부터 추정 재고량이 얼마큼인지 보고 받았다. 이 두 시스템이 있으면 재고를 잘 통제할 것처럼 보인다. 하지만 공급사로부터 2달짜리 신용을 얻었기 때문에, 오늘 매출이 떨어져서 구매를 중단한다고 해도, 공급사에 내는 금액은 2달 동안 떨어지지 않는다. 위급상황에서는 공급사에 재고 반품 수수료를 낼 것이다. 이 부분은 우리가 사업계획서에서 사업의 탄력성을 보여줄 때 설명할 예정이었다.

여러분이 자문가나 회계사나 변호사라면 업무에 투입하는 시간을 어떻게 통제해야 고객에게 청구할 수 있는 비용이 투입한 시간을 보상할 만큼에 훨씬 못 미친다는 사실을 불현듯 깨닫는 사태를 예방할 수 있을까? 소매업자라면 천천히 팔리는 재고가 통제를 벗어나지 않게 보장할 수 있나?

사 례

전동 공구 업체 자회사에 대리 재정 이사로 부임했을 때, 나는 사업에 대해서 뿐 아니라 회계 시스템이 작동하는 방식까지 서둘러 배워야 했다. 2주가 지난 뒤, 나는 몇몇 계정 과목을 살펴보다가 개발 중이던 특정 기계에 큰 비용이 할당된 것을 보았다. 여기에 관해 의문이 생겼고 한 질문이 또 다른 질문으로 이어지면서 얼마지 않아 전체 수수께끼가 풀렸다. 내 전임자는 회계장부에 발표하길 피하려는 비용을 이 기계에 할당했으며 이제는 그 금액이 기계를 팔아서 얻을 수 있는 액수보다 많았다. 그 결과는 처참한 실패였다.

단순한 통제 시스템이 있었다면 이런 일이 일어나지 않게 보장했을 것이며, 사업계획서에서도 이 시스템에 관해 설명했을 것이다.

직원 통제

성공하는 데 직원이 중요한가? 서비스업이라면 열정적이고 고객 요구 잘 이해하며 서비스 정신이 강한 직원이 필요할 것이다. 직원을 어떻게 모집하여, 교육하고, 동기를 부여하고, 평가하고, 보유할까? 나는 성공적인 전화 상담 업체에서 최고재무관리자로 일하는 친구가 있는데, 그 친구는 '성공을 향해 비틀거리며 간다'라고 말했다. 하지만 처음부터 전문적인 인적 자원 시스템을 시행했으면 덜 비틀거렸을 것이다. 이 통제 분야는 사업계획서에 빠트리기 쉽다. 그것은 실수다.

요약정리

- 사람들은 경영진을 지원한다.
  - 여러분의 능력을 보여주고 약점을 어떻게 다룰지 설명하자.
  - 어떻게 협동할지 설명하자.
- 여러분이 사업을 재무적이고 운영적으로 통제하고 있음을 보여주자.
- 아주 자세한 질문에 답할 준비를 하자.

07 제안

제안은 사업계획서를 읽는 사람을 향한 판매 광고다.

설명

다음을 분명하고 간결하게 설명하자.

- 무엇을 하겠다고 제안하는지
- 어떻게 하겠다고 제안하는지
- 어디서 하겠다고 제안하는지
- 언제 하겠다고 제안하는지
- 왜 여러분이 성공하는지
- 계획을 실행하려면 무엇이 필요한지

- 어떤 보상을 제시하는지

앞선 장의 제목들은 제안배경을 제공할 것이다. 이 장에서는 여러분이 상대방에게 요청하는 일을 분명하고 설득력 있게 종합하여 주장하자.

제안

제안이란 여러분이 무엇을 언제 어떻게 할 것인가다. 일반적으로 왜 하는지는 말하지 않는다. 왜 하냐면 영리 기업을 설립하기 위해서니까. 하지만 기업이 사회적 목표를 추구한다면 사업계획서에 왜 하는지도 설명해야 할 것이다. 어떤 계획은 맥락에 따라 어디서 하는지가 중요할 수 있으며, 그렇다면 여기에 대해서도 다뤄야 한다.

여러분이 제안하는 일을 명백하게 이야기하자. 길고 헷갈리면 안 된다. 목적을 이야기할 때는 언제 목적을 달성할지 읽는 사람이 알 수 있게 해야 한다.

목적은 다음과 같아야 한다.

- 명확하다. 목표를 어렴풋하고 애매하게 설정하지 말자. 사업계

획서를 읽는 사람은 여러분이 무엇을 성취하려는지 정확하게 알아야 한다. 불확실한 말로 혼란을 주지 말자.

- 달성할 수 있다. 읽는 사람이 전혀 믿지 않는다면, 예컨대 업계 선두주자가 되겠다는 목적은 세우는 의미가 없다. 덜 야망 있고 그럴듯한 목표를 세우는 것이 낫다.
- 측정할 수 있다. 목적에 관해 설명할 때는 목적을 성취하면 그 사실을 알 수 있게 해야 한다. 예를 들어, 업계 선두주자로 보이고 싶다는 말은 너무 모호하다. 누구에게 그렇게 보인단 말인가? 그 목표를 달성했다는 사실을 어떻게 알 것인가? 반대로 매장을 4개 개설해서 런던지역 시장 점유율을 25%로 늘리겠다는 목표는 쉬게 측정할 수 있다. 매장을 5개 내고 시장 점유율을 35% 달성한다면 원래 목표를 전부 성취했음이 명확하다.
- 유용하다. 앞서 언급한 사례에서는 사업계획서를 읽는 사람이 '그래서요?'라고 물을 수 있다. '시장 선두주자'가 된다고 해서 어떤 이득이 생길까?
- 시기가 알맞다. 목적 달성 시기를 확정하는 것은 중요하다. 예를 들어 시장 점유율 30%를 달성하겠다고 제안하면서 기간을 언급하지 않으면 의심받을 수도 있다. 만약 시기를 비현실적으로 잡으면 읽는 사람은 여러분을 믿지 않을 수 있다.

다음은 이런 조건을 만족하는 좋은 제안 사례다.

우리는 2006년 6월에 캘리포니아 남부에 공장을 설립하고자 한다. 이 공장은 인도에서 수입한 제당 산업 설비를 조립하여 멕시코와 캘리포니아 시장에 지역 경쟁사보다 20% 낮은 가격으로 판매할 것이며, 2008년 12월 말까지 시장 점유율 25%를 달성할 것이다. 그해 매출액은 2천만 달러로 예상된다. 2007년에 손익분기점에 도달할 것이고 2009년까지 투자 수익률은 20%가 될 것이다.

필요한 투자액은 3백만 달러인데, 그중 1백만 달러는 예상보다 성장이 느릴 위험을 대비한 예비금이다. 1백만 달러는 인디아뱅크(Indiabank)에서 4년짜리 융자로 확보할 것이다. 우리는 보통주 형태로 1백만 달러를 투자할 것이며 추가로 1백만 달러어치 주식을 우리와 같은 순위로 청약할 투자자를 구하고 있다.

왜 성공할 것인가?

어쩌면 여러분 제안에서 가장 중요한 요소는 여러분과 팀이 왜 성공할지 분명하게 말하는 것이다. 여러분 자체나 시기, 제품, 유통, 가격 정책, 시장은 무엇이 특별한가? 사업계획서를 읽는 사람은 무언가 특별해서 여러분이 남들보다 우위를 점할 수 있는 어떤 것을 찾는다.

여러분이 특별하지 않다고 하자. 여러분과 같은 일을 하려는 팀이 열 개는 더 있다고 말이다. 그래도 색다르게 접근한 미래상을 제시하거나 시장이 성장 중이라 모두가 들어갈 공간이 있다고 이야기함으로써 읽는 사람을 설득할 수 있다. 하지만 아주 최소한 상대방은 사업을 건전하게 구상하는 인상적인 팀에게 투자하고 싶을 것이다. 여러분이 아주 좋은 팀을 꾸리고 있다는 것을 보여줘야 한다.

어떤 팀은 정체하고 포화 상태인 시장에 새로운 서점 체인을 세우는 중인데, 현재 경쟁사와는 달리 고객 중심적이라는 미래상을 내세운다. 또 업계에서 좋은 경험을 쌓았으며 다양한 사업에서 성공해본 적 있는 팀과 손을 잡았다.

그런데, 개인 영업을 하는 어느 품질보증서 발행인도 내게 사업계획서에 관해 조언을 구했다. 이 사람은 중고 자동차를 구매하는 개인에게 품질보증서를 발급하는 사업을 했다. 하지만 차별점을 보여주거나 왜 성공할지 설명하지 못했다. 투자를 받아서 사업을 확장하겠다고만 주장했다. 이 사업은 돈을 벌지 못했고, 경영자가 한 명이었으며, 시장도 경쟁적이었다. 자금을 투자하는 것만으로는 성공을 장담하지 못한다. 광고와 판촉에 돈을 사용한다고 해서 반드시 그 추가 비용을 웃돌 만큼 실적이 느는 것은 아니다.

원하는 걸 요구하라!

그밖에도 이상한 것이 사람들은 종종 사업계획서를 작성하는데 엄청나게 공을 들이면서도 필요한 것을 요청하지 않는다. 영업사원이 고객을 홀려서 사고 싶게 만들어 놓고는 무엇을 얼마에 팔지는 말하지 않는 꼴이다. 동화 속 왕자님이 잠자는 숲속의 미녀에게 청혼하길 잊어버린 장면을 상상할 수 있을까? 무엇이 언제 필요한지 매우 분명하게 말하고 요구해라. 사업계획서는 제안의 한 요소일 뿐이라는 점을 기억하자. 늘 그렇지는 않아도 보통은 계획서 수신인과 이야기하거나 메일을 주고받을 기회가 생길 것이다. 다시 요청하자.

어떤 사람은 투자자에게 제시할 조건을 확정해 두기 때문에 사업계획서를 읽는 사람한테도 제안 사항을 구체적으로 이야기한다. 이때는 조심해야 하는데, 때때로 논의하고 협상할 여지가 있을 때조차 대답을 '예', '아니오'로 끌어내기 때문이다. 대체로 예측을 할 때는 이자 외 비용을 전부 제한 다음 총 수익을 언급하는 선에서 마무리하는 것이 좋다. 재정 구조를 살펴보고 적용 이율을 고려하는 일은 자본가에게 맡기자.

자금이 30만 파운드가 필요하고 은행이 3년 동안 20만 파운드를 지금 보증해주길 바란다면 그렇게 이야기하자. 계획을 자세하게 계산할 필요는 없다. 구체적인 시기 별로 자기 자본과 부채를 나누지 않아도 된다. 다르게 계산하길 원하는 사람도 만나기 마련이니 말이다. 여러분은 필요 이상으로 좋은 조건을 제하는지도 모른다. 그러니 논의할 수 있게 남겨두자.

자본가한테 투자받은 지 몇 달 되지 않아 돈을 더 투자해달라고 요청하기란 쉽지 않다. 그러니 추정치를 최대한 빠듯하게 줄여서 너무 적은 금액을 요청하지 말자. 반대로 필요한 금액보다 명백하게 많이 요구하지도 말자. 그러면 신용에 해가 간다. 사업이 나빠질 때뿐 아니라 기대보다 잘 될 때를 대비해서도 예비금을 충분히 마련하자. 확장에도 돈이 들어간다.

사업계획서의 첫머리에 들어가는 개요에도 필요한 것을 쓰자. 첫 번째 쪽이 넘어가기 전에 여러분이 무엇을 원하고 왜 여러분에게 투자하는 것이 정당한지 알려주자. 예를 들어보자.

현금 흐름에 따르면 현금 요구는 창업 6개월 뒤가 58만 파운드로 가장 높다. 자본 지출을 지급연기하는 것이 중요하며 여기에 대해서는 협상을 마쳤다. 이미 줄잡아 추산한 대로 예비비 10%를 사용한다고 하면, 75만 파운드를 투자받아야 한다. 이 자금은 다음과 같이 마련할 수 있다.

기존 경영진	200,000
사업 투자자	100,000
대출	150,000
소계	450,000
필요 자금	300,000
총 사업 필요 자금	750,000

따라서 우리는 30만 달러를 투자받아야 한다.

이 사업은 시작부터 현금이 발생할 것으로 보이며 초기 투자금은 3년 안에 회수할 수 있을 것이다.

무엇에 투자했는가?

기존에 사업을 하고 있다면 누가 지분을 얼마큼 보유했으며 누가 투자했는지 분명히 하는 것이 중요하다. 이 사업을 어떻게 운영했는지 배경 부분에서 설명하자.

누가 얼마큼 다음 단계에 투자할 것인지도 보여줘야 한다. 경영진과 그 일가친지가 상당한 금액을 프로젝트에 투자할 예정이라면 엄청나게 인상적인 일이므로 모두에게 이야기하자. 물론 반대로 여러분은 전혀 투자하는 것처럼 보이지 않은데, 다음 확장 단계에 쓸 자금을 투자해 달라고 한다면, 상대방은 기분이 크게 상할 것이다.

돈만 투자할 수 있는 것이 아니다. 특허받은 제품을 소개하거나 6개월 동안 저임금으로 일했으며 앞으로 6개월 더 임금을 동결하는 것도 투자다. 이런 부분도 고려하자. 회계장부에는 넣을 수 없지만, 신주를 무료나 다른 투자자보다 저가로 받고 싶다고 말함으로써 이런 투자를 반영할 수 있다. 여러분이 투자한 것에 관해 모두에게 이야기하자.

하지만 여러분의 공로를 과대평가하진 말자. 그렇게 하면 다른 투자자가 겁먹고 도망갈 것이다. 본인 월급을 높게 책정하지 말자. 이때도 후원자는 의욕을 잃을 것이다.

추가 자금 조달

많은 사업이 서너 번까지도 투자를 더 받는다. 때로는 계획에 없었을 수도 있지만, 첫 번째 문서에서 추가 모금 가능성을 언급하는 일은 드물지 않다. 이렇게 말하는 상황이 생길 수도 있다. '목표 매출액 초과 달성 시 더 빠른 확장을 위해 내년에 추가 자금을 조달할 예정이다. 이때는 투자자에게 현재보다 더 좋지는 않은 조건으로 자금을 조달할 것이다.' 향후 의향을 처음부터 이야기해 두면 여러분이 정말로 추가 자금을 물색할 때 잠재적 투자자가 느낄 실망을 희석한다는 점에서는 이득이다. 하지만 이런 이야기는 신중하고 합리적으로 하는 것이 중요하며, 과대망상에 휩싸여서 근시일 안에 대규모로 자금을 조달하겠다고 주장해선 안 된다.

거래 성사시키기

협상을 완료할 때 필요한 마지막 요소는 보상 약속이다. 상대방을 위해 무엇을 약속할 것인가? 직접적인 금전 보상이 아닐 수도 있다. 정부 단체에 사회적 혜택을 제공하거나 유통사에 장기 거래 제휴를 제안할 수도 있다. 어쨌거나 사업계획서의 핵심은 투자, 대출, 거래 협정, 허가 같은 것들에 대해 보상을 제안하는 것이다.

거래를 완료하자. 여러분은 프로젝트가 무엇인지, 왜 성공할지 설명했다. 여러분이 원하는 것도 요청했다. 이제 마지막으로 무엇을 대가로 돌려줄지 분명하게 이야기하자.

투자금 회수

투자자는 몇 가지 형태로 수익을 받을 것이다. 주식 배당, 대출 이자, 다른 사업 지분의 거래 이득, 경영이사 성과급 등 다양하다. 하지만 사업체 주식에 투자한 사람이 얻는 주된 이익은 미래의 어느 시점에 주식을 팔았을 때 발생한다. 배당 등으로 얻는 이익이 그 자체로 만족스럽더라도, 투자자는 미래에 주식 전부나 일부를 팔 수 있길 바랄 것이다. 보통은 그런 주식을 어떻게 팔 수 있을지 투자자에게 보여줘야 한다. 여기에는 크게 세 가지 방법이 있다.

- 업자 간 매매
- 주식시장 상장
- '2단계' 투자자에게 부분 매각. 작은 사업이라면 노무출자사원을 채용하는 것까지 포함할 수 있다.

업자 간 매매는 가장 가능성이 큰 자금 회수 방법으로 보통은 그럴듯한 경로를 설명하기에 가장 좋다. 아주 확실하게 장담할 만큼 운이 좋지 않다면, 특정 구매자를 지목할 필요는 없다.

작은 기업이 주식시장 상장에 관해 거창하게 이야기하는 것을 좋게 볼 투자자는 거의 없다. 실제로 가능성이 있을지라도, 이 선택이 실현 가능할 만큼 규모를 키우는 데 성공하는 회사는 많지 않다. 너무 '그림의 떡' 같은 이야기라서 전반적인 신뢰도를 해친다는 단점이 있다.

부분 매각은 더 그럴듯한데, 사업 성공을 보여줄 수 있고 투자 자본이 추가로 필요하면 투자자를 더 모으면서 실행할 수 있다.

자금 회수를 논의할 때는 잊지 말고 기간을 언급해야 한다. 예를 들어 대다수 투자기금은 3년에서 5년 안에 자금을 회수하길 바란다.

요약정리

- 언제, 어디서, 무엇을 어떻게 할 것인지를 포함하여 분명하게 제안하자.
- 여러분이 원하는 바를 요구하자.

- 보답으로 무엇을 제공하는지 분명히 하자.
- 너무 탐욕스럽게 보이지 않도록 하자.

08
예측

엄밀히 말해, 예측은 재무 문제이므로 그 부분에서 나와야 한다. 하지만 매우 중요하기 때문에 이 책에서는 한 장을 따로 할애하고 있다. 예측은 전체 계획에서 중심을 차지한다. 올해나 내년뿐 아니라 그 이후에도 여러분이 어디로 가는지 이야기해 준다. 사업 잠재력과 여러분이 가정하는 것을 숫자로 제시하며 가정이 변함에 따라 이 숫자가 얼마나 민감하게 달라지는지도 보여준다. 투자자나 신입사원, 동업자에게 여러분이 무엇을 제공하는지 설명하고 계획이 신뢰할 수 있는 것인지 판단할 수 있게 해준다.

매출 예측

어쩌면 전부는 아니더라도 거의 모든 것이 매출 예측에서 파생된다. 매출 예측은 단도직입적이지만, 여전히 문제를 자주 일으키므로 체계적으로 단계를 밟아서 준비하자. 여러분이 A, B, C, D라는 제품을 P1, P2, P3, P4라는 가격에 팔려 한다고 가정하자. 우선 언제 무엇을 얼마에 팔지 결정해야 한다. 내 생각에 이때 문제가 생기는 이유는 아마 그저 추측일 뿐이라는 사실을 모두가 알고 있기 때문이다. 확실한 것이란 없는데도 사람들은 추측을 불편해한다. 걱정하지 말자. 여러분이 틀릴지도 모른다는 걱정은 이후에 다룰 수 있다. 우선 최선을 다해 추측하자. 그다음에 정당한 이유를 대자.

한 기업가는 내게 사업계획서를 쓰는 것을 도와달라고 하면서 다음 공식을 토대로 매출을 예측했다고 주장했다. 마케팅에 1천 파운드를 사용할 때 다음 달 매출이 2천 파운드가 된다. 글쎄, 어쩌면 그럴 수도 있지만, 투자자를 설득할 만 해 보이진 않았다. 사업이 그렇게 단순하다면 우리는 모두 부자가 됐을 것이다! 제대로 된 단계는 다음과 같다.

1천 파운드를 사용하면 A 잡지에 반쪽짜리 광고와 B 잡지에 거의 한 면을 차지하는 광고를 월별로 4번 실을 수 있다.

그러면 각 광고가 실린 다음 달 매출은 상품별로 5A, 3B, 2C, 2D가 된다.

따라서 매출액은 이렇다.

5A * P1

3B * P2

2C * P3

2D * P4

여기서 그다음 달에는 매출액이 1/4이 되고 그다음 달에는 1/8이 된다고 가정할 수도 있다. 이렇게 달별로 매출을 보여주자. 혹시 라디오 광고나 홍보 메일, 구글 광고에 돈을 쓴다면 거기서 발생하는 수익도 보여주자. 예전에 광고를 걸어본 경험은 여러분이 예측하는 매출을 뒷받침할 수도 있다. 이전 달에 광고를 내보낸 덕분에 장사가 잘 됐다면 적어도 다음 달까지는 그만큼 잘 되리라고 생각하는 것도 나쁜 추측은 아니다. 어쩌면 시장에 이름이 알려지면서 더 잘 될 수도 있다. 또 광고 매체를 더 다양하게 사용할수록 시너지 효과를 더 잘 느낄지도 모른다.

매출 수준을 달성하는 이유를 설명해야지, 그냥 그럴 것이라고 주장하기만 해선 안 된다. 여러분은 누군가를 설득하려는 중이다. 많은 사업계획서가 이 중요한 단계에서 실패한다.

내 고객은 판매부장을 고용하고 싶었지만, 판매부장이 얼마큼의 매출을 얼마나 금방 발생시키는지는 경험해본 적이 없었다. 나는 회의적인 자본가들에게 증거를 제시할 수 있는 사람을 채용하라고 설득했다. 내 고객은 첫 번째 예측에서, 채용 즉시 매출이 발생할 것이라고 강력히 주장했지만, 상당히 비현실적이었다. 나는 판매부장을 고용했다. 판매부장이 사업을 파악하고, 약속을 잡고, 적절하게 상품을 선전하기까지는 시간이 걸린다. 심지어 그다음에 성공적으로 방문을 마쳐도 항상 즉각적인 매출로 이어지는 것은 아니다. 대량 판매인 경우, 손님은 예산과 동료 의견에 대해 고민해야 하고, 이사회 승인을 받아야 할 수도 있다. 나는 이런 사정을 무시하고 내 고객 편을 든 것이다! 영업직원은 보통 효율적으로 일하기까지 시간이 다소 걸리며, 그런 다음에도 손님이 영업직원을 만난 뒤 바로 구매하는 것은 아니다.

상당한 증거를 토대로 월별 매출을 구했다면, 성장 추세를 보여줄 수 있는데, 물론 설명을 덧붙여야 한다. 앞으로 어느 정도 재구매가 있고, 다소 평판을 얻는 등 다양한 일이 생길 것이다. 물가도 상승하고 전반적인 경제가 성장할 것이다. 이런 요인이 어느 달에 얼마큼 영향을 미칠지 계산하자. 여러분이 예상한 성장률은 설득력이 있는가?

그다음 월별 수입을 표로 적어보자. 그러면 매출 예측이 생긴다. 이를 토대로 손익계정과 현금 흐름을 검토할 수 있다. 물론 비용도 포함해야 한다.

비용

비용은 매출과 아주 비슷한 접근법으로 계산하는데, 다만 이번에는 구조에 더 공을 들여야 한다.

보통 비용은 크게 다음과 같이 분류한다.

- **직접비용 또는 매출 원가.** 판매 제품을 준비하면서 직접 발생하는 비용으로 재료비, 제조 인건비, 이것들과 직접 관련된 일부 간접비 등이 있다.
- **유통.** 발송 시, 수수료나 판매 대리점에 드는 비용이 크다면 유통 부분을 따로 다루자.
- **직원.** 상향식으로 꼼꼼하게 계산하자. 직원 수와 급여액을 산정하고 지급 급여세는 물론 병가 및 휴가 비용도 잊지 말자.
- **부동산.** 여기에는 임차료, 관리비 재산세 등이 포함된다.

- **간접비.** 판매 제품을 준비하는 데 직접 관련이 없는 공과금과 용역비가 포함되는데, 예를 들면 우편요금, 문구류, 전기/가스/수도 요금, 전문가 자문료 등이 있다.
- **감가상각.** 이 항목은 복잡할 수 있으며 회계사한테 도움을 받아야 할지도 모른다.
- **융자.** 이자는 여기에 포함되지만, 간접비로 들어가는 대출 상환금이나 은행 수수료는 포함되지 않는다.

5년 예측

5년 예측은 매우 유용하다. 메모지로 사용하거나, 종이 다트판을 만들거나, 지루한 날 공처럼 구겨서 쓰레기통에 던져 넣기에 유용하다.

공정하게 말하자면 일부 산업에서는 예측이 먼 미래까지 상당히 정확하길 바란다. 분명 이런 예측은 여러분이 어느 방향을 택할 것이고, 모든 일이 계획대로 돌아가면 어떤 결과를 얻을지 보여주기에는 언제나 유용하다.

실제로 자본가들은 모든 일이 잘 풀린다면 돈을 얼마나 벌 수 있을지 알고자 한다. 따라서 사업계획서에는 예측이 있어도 전혀 문제가 되지 않는다. 중요한 점은 신뢰를 유지하고 상황을 쉽게 만드는 것이다.

1년에서 3년짜리 예측을 요약하는 부분을 만들어서 이런 예측 정보를 보여주자. 5년짜리 예측은 마땅한 이유가 있을 때만 보여주자. 예를 들어 5년 내 회사를 상장시킨다거나 5년 내 부채를 다 갚겠다는 계획이 믿을 만하다면 마땅한 이유가 될 수 있을 것이다. 설득력 있고 인상적인 이삼 년짜리 전망을 보여주는 것이 아무도 안 믿는 거대한 숫자 더미보다 낫다.

항상 과거 영업내용을 요약해서 예측과 함께, 같은 양식으로 적자. 사업계획서를 읽는 사람이 과거와 미래를 비교하느라 문서를 뒤지게 해선 안 된다.

예를 들면 이렇다.

		실제		예측	
	해수	1	2	3	4
매출	상품 1	100	120	130	130
	상품 2	0	0	20	30
		100	120	150	160
총이윤	상품 1	20	20	25	30
	상품 2	0	0	5	10
		20	20	30	40

부록에는 자세한 수치를 2년만큼 싣자. 향후 5년 동안 발생할 비용을 자세히 분석해서 예측해봐야 아무도 믿지 않는다. 이런 자세한 정보를 원하는 사람이 있다면, 그때 요청을 받아 작성하면 된다. 당연히 요약은 믿을 만해야 한다. 매출액 대비 간접비 등과 같은 주요 비율이 연도별로 크게 다르다면 이유를 설명하자.

예측을 무슨 일이 왜 일어날지 보여주는 도구로 취급하고, 왜 그런 숫자가 나왔는지 설명하자. 읽는 사람에게 자세한 내용을 깊이 파고들기를 강요하지 말자. 예측에 메시지가 담겨있다면 설명하자. 예측은 이 메시지에 대한 증거일 뿐이다. 예를 들면 이렇다.

예측에 따르면 매출이 증가함에 따라 이윤이 어떻게 가파르게 상승하는지 알 수 있다. 간접비가 매출만큼 빠르게 증가하지 않기 때문이다. 여기에 대한 이유를 설명한 부분은….

계획 검토

그 모든 숫자는 무엇을 의미할까?

어떤 사람은 사업계획서에 숫자를 거의 집어넣지 않으며 포함한 숫자에 대해서도 무엇을 가정했는지 간단하게 설명하지 않는다. 다른 사람은 예측치를 엄청나게 집어넣는다. 손익계정과 대차대조표, 현금흐름 예측 자료를 5년분씩 넣는다. 그리고 이 숫자 더미에 관해 설명을 안 하곤 한다. 그러면 무슨 의미가 있나? 두 접근 방식은 실패를 초래한다.

명쾌한 설명이 부족한 이유 중 하나는 작성자가 여기에 대해 깊이 생각해보지 않았기 때문이다. 숫자가 무엇을 말하는지 곰곰이 생각해보는 일은 사실상 꼭 필요한 훈련이다. 여러분은 여러분 계획을 이해해야 한다. 잠재적 자본가와의 첫 회의는 '예측을 보니 매출 총이익이 서서히 감소하리라 예상하시던데… 매출 배합 변화 때문이라고는 설명되지 않아 보이네요….' 같은 말을 처음 듣기에 좋은 시기가 아니다.

여러분은 이야기를 들려주는 중이기도 한데, 분명하고 간결하게 말하려고 노력 중이다. 상대방이 분석하느라 몇 시간을 보낸 끝에 여러분에게 유리하지 않게 잘못 결론을 냈는데 여러분은 설명할 기회도 없는 상황을 만들지 말자. 다음 예를 보자.

매출총이익률은 처음 60%에서 4년 차에 약 35%까지 서서히 감소할 것으로 예상한다. 이는 앞서 설명했듯 대리점을 통해 더 낮은

매매차익을 남기는 판매가 증가하기 때문이다. 하지만 시장이 성장함에 따라 우리는 경쟁사와 싸우기 위해 매매차익을 5% 더 축소할 것이다.

매출과 매출 원가를 제품별로 나눠서 보여주려고 노력하자. 예를 들어 여러분이 먼지떨이와 대걸레를 제조하는 사업을 하는데, 두 제품은 수익성이 매우 다르다면, 제품별로 몇 단위를 팔고자 하며 각각에 기대하는 이윤은 얼마인지 보여주자.

민감도

민감도 분석이란 상황이 다소 달라질 때 무슨 일이 생기는지 계산하는 것이다. 컴퓨터에서 스프레드시트를 이용하면 쉽게 분석할 수 있다. 그러니 민감도를 계산할 때는 한 번에 하나씩만 분석하지 말자. 여러분이 지나치게 낙천적이었다면 매출은 매우 높으나 비용은 매우 낮게 잡았을 것이며, 정부 승인을 받는 데 걸릴 시간도 너무 짧게 잡았을 것이다. 현실 세계에서는 상황이 한 번에 한 가지 이상 틀어질 수 있다. 이런 시나리오를 몇 개 돌려보면 여러분 계획의 건전성을 볼 수 있는데, 다만 일이 잘못됐을 때 여러분이 아무 행동도 하지 않을 것이라고 가정하진 말자.

예를 들어 매출성장이 더딜 때 나타날 결과를 계산한다면, 생산 직원이나 광고예산 감축도 포함해야 한다.

컴퓨터와 스프레드시트에 익숙하지 않더라도 여전히 대략은 계산할 수 있다. 회계사가 될 필요는 없다. 단순한 산수면 충분할 것이다.

> 나는 내가 존경하는 사업가로부터 새로운 화물운송업에 관한 사업계획서를 받았다. 필요한 만큼 돈이 있으면서 왜 은행에서 자금을 조달하려는지 처음에는 이해가 안 갔다. 예측에 따르면 주주에게 돌아가는 수익은 경이로웠다. 하지만 신중하게 읽어보니, 예측보다 실적이 15% 덜 발생하면 기업은 심각한 손실을 보고 은행 대출을 소진해버릴 수도 있었다.
>
> 당연히 사업자에게는 너무나 큰 위험이었기 때문에, 은행이 위험 부담을 대신 져주길 바랐던 것이다. 은행가는 바보가 아니다. 이 점을 눈치챘을 것이다. (기업 재무 자문가)

왜 기획서에 자진해서 결점을 보여줄까? 읽는 사람도 분명 그 결점을 찾을 것이기 때문이다. 여러분이 직접 계산했다면 대답을 바로 꺼낼 수 있다. 위험을 계산하지 않았다면 신용이 떨어질 것이다. 여러분이 직접 정보를 공개하면, 읽는 사람이 여러분에게 불리한, 잘못된 답을 도출하지 않게 예방한다. 만일의 사태가 일어날 확률이 왜 극히 낮으며, 만약 이런 상황이 발생한다 해도 어떻게 대처할지 설명할 기회가 생긴다.

우리는 기억력이 짧은데, 특히 영업환경이나 가격이 한동안 안정적이면, 앞으로도 줄곧 그럴 것이라고 가정한다. 하지만 영업환경이나 가격, 기술에 갑작스럽거나 극적인 변화가 생기는 일은 드물지 않다. 예를 들어 에너지 가격은 지난 40년 동안 3번이나 뛰었다. 따라서 사업계획서에서는 이런 주요 가정을 검증해야 한다.

고정적으로 보이는 비용도 대개는 필요하면 줄일 수 있다. 업황이 처참하면 직원을 감축할 수 있는데, 다만 그러면 원래대로 증원하기까지 시간이 걸리긴 할 것이다. 매출이 반응하는 데 시간이 너무 오래 걸린다면 사업을 키우는 데 꼭 필요한 마케팅 비용도 삭감할 수 있다. 아마 성장은 포기해야겠지만 생존은 보장받을 것이다.

앞서 나온 사례에서 기업가는 단순한 해결책을 쓸 수 있었다. 매출이 4달 안에 목표를 달성하지 못하면, 회사를 닫고 제삼자 보증을 통해 은행이 돈을 잃지 않도록 보장하는 것이다. 이런 내용을 사업계획서에 명시했어야 한다.

상황이 나빠지면 어떤 일이 일어날지에 대해 이렇게 검토할 때는 핵심 요인을 꼽아야 한다. 이윤 폭이 예측을 한참 밑돌거나 단위당 매출이 기대보다 낮은 것이 진짜 위협이라면, 성장 속도가 계획보다 조금 느릴 때 무슨 일이 일어나는지 살펴보는 것은 의미가 없다. 1) 계획 결과에 치명적으로 영향을 미치는 요인, 2) 무언가 틀어졌을 때 가장 위험한 요인을 골라야 한다..

사업계획서를 읽는 사람은 여러분이 제시한 예측을 잘 믿으려 하지 않을 것인데, 매출은 10% 낮고 비용은 5% 높을 것이라고 가정할 수도 있다. 그러니 예측이 옳다고 투자자와 대출기관을 설득하려면 사업계획서에 가능한 증거를 많이 넣어야 한다. 상황이 예상대로 풀리지 않으면 어떤 일이 벌어질지 미리 보여주어야 하는 것도 이런 이유에서다

불행히도 기업 수명 동안 계획한 예측치를 돌파하는 기업은 천에 하나 정도이며 나머지는 전부 그에 미치지 못한다. 사업계획서를 작성하고 사업을 준비하는 동안, 여러분은 사업이 목표에 미치지 못할 것이라고는 생각지 않을 것이다. 그렇게 하는 것이 맞다. 여러분도 믿지 않는 것을 다른 누가 믿어줄 것이라고는 기대할 수 없다. 하지만 잠시 다른 사람 입장이 되어 상황이 제대로 흘러가지 않으면 무슨 일이 벌어질지 생각하자. 이런 방식을

이용하면 필요 이상으로 실패하지 않고, 처음에는 불안정해도 끝내는 성공하는 기업 중 하나가 될 수도 있다. 잘못될 수 있는 요인을 다루는 좋은 방법은 최상의 결과와 최악의 결과, 기대되는 예측을 보여주는 것이다. 그러면 읽는 사람이 마음속으로 기대하는 바에 영향을 줄 수 있다.

주요 가정

모든 가정이 똑같이 중요하진 않다. 일부는 신사업이 성공하는 데 매우 중요하지만, 다른 일부는 최종 이윤이나 현금흐름에 미미한 영향만 준다. 예컨대 새로운 프로젝트에 들어가는 에너지 비용은 전체 비용에서 미미한 비중을 차지하는데 이 요인을 조사하느라 공을 들인다면 시간과 에너지를 엄청나게 낭비할 수도 있다.

이렇게 낭비하는 시간을 정말로 중요한 가정을 살펴보는 데 투자하자. 비용이나 수익에 막대한 비중을 차지하거나, 무언가 잘못됐을 때 사업에 큰 영향을 미치는 요인을 말이다. 여기에 대해 잘 설명하는 사례가 있다.

존(John)은 뉴코(Newco)라는 회사를 위해 자금을 마련하고 있었는데, 이전까지 교외에는 대형 매장이 없던 영국 소매업 시장 부문에서 대형 슈퍼마켓 사업을 벌일 생각이었다. 존은 실제로 사업계획서를 아주 잘 작성했으며, 주요 사안 대부분과 여러 사소한 문제까지도 다뤘다. 경쟁사를 면밀하게 분석하고 혼자나 동료와 함께 조사하여 다양한 비용을 산정했는데, 상당히 좋은 방법이었다. 하지만 업계를 잘 아는 사람들은 세세한 부분을 초월하여 매우 중요한 가정이 세 개가 있다고 생각했다.

- 새로운 구상을 도입했을 때 목표 매출액을 달성할 수 있을 것이며, 그렇다면 얼마나 빨리 달성할까?
- 목표 이윤을 달성할 수 있나?
- 새 컴퓨터 시스템을 예상처럼 빠르고 저렴하고 결점 없이 개발할 수 있나?

서류에서는 이 세 가지를 다음과 같이 분명하게 다뤘다.

- 매출을 가정할 때 존은 세 가지 주장에 의지했다. 시장이 세분됐고, 단위 면적당 추정 매출이 적절하며, 같은 구상이 미국에서 잘 통했다는 것이다.
- 이윤을 가정할 때는 무엇을 성취할 수 있는지 입증하기 위해 수

행했던 조사를 언급했다. 야망이 지나쳐 보이는 구석도 있었고 어쩌면 '예측한 이윤은 매우 믿을 만하다'라고 까지 주장할 필요는 없었을지도 몰랐다. 그런데 사실 이런 발언을 읽은 사람은 가정에 더 집중하고, 훨씬 더 안심하며, 왜 그것을 옳다고 하는지에 관심을 보인다.

- 컴퓨터 개발 속도를 가정할 때는 시스템을 전부 자세하게 설명할 수 있다고 말하면서 접근했다. 이 부분은 사업계획서에서 설명이 가장 약했다. 누군가 새 컴퓨터 시스템을 빠르고, 정확하고, 흠 없이 작동할 만큼 온전하게 개발하겠다고 하면 그 능력에 의심이 가기 마련이다. 따라서 읽는 사람이 안심할 수 있게 증거를 제시해야 한다.

가정이 옳았는지는 차치하더라도, 존은 주요 요인을 분명하게 찾아서 다루었다. 직원 채용, 광고 행사, 임차료 등을 비롯한 세부 사항에는 시간을 낭비하지 않았다. 무시하지는 않았지만 빠르게 이유를 대며 넘어갔고, 주로 핵심 가정에 관해 설명하고자 노력했다.

불필요한 세부 사항에 시간을 쏟으면 중요한 문제에 쓸 시간이 줄어들며, 덜 중요한 문제에 공간을 할애해서 문서 분량이 늘어

나면 읽는 사람이 지루해할 수 있다.

가정을 점검하자. 사업계획서를 읽는 사람도 그렇게 할 것이다. 중요한 가정을 분명하게 제시하고 뒷받침하는 증거를 제공하자. 읽는 사람에게 예측을 쉽게 설명하자.

단순히 옳은 데서 그치지 말고 중요한 가정을 매우 명확하게 제시함으로써 읽는 사람이 결과에 이르는 과정을 컴퓨터로 재현해보지 않아도 여러분 생각을 따라갈 수 있게 하자.

> 나는 최근 새로운 사업에 관해 멋지게 작성한 예측을 받았다. 그런데 예측에 사용한 가정은 동봉한 사업계획서 곳곳에 흩어져 있거나 예측 본문에 있었다. 현금 흐름에 나온 숫자는 수익 예측에 나온 숫자와 완전히 일치하지 않았고 서로 조화되지 않았다. 설상가상으로 예측을 전지 크기 종이에 인쇄했다. 3년 치 숫자를 한 페이지 안에 담는 데는 도움이 되지만 보기에는 편하지 않았다. 나는 전체 퍼즐을 맞추는 데 두 시간이 걸렸는데, 내가 호의적이었던 것이 다행이었다. (기업 재무 상담사)

예측을 요약한 곳 바로 아래에 가정에 관해 다루는 부분을 마련하자. 예를 들면 이렇다.

1. 매출 예측은 올드코(Oldco) 예측의 30%를 기본으로 한다. 이 매출은 우리 팀과 계속 거래를 유지하겠다고 말한 기존 고객에 의해 발생하는데, 새로운 고객사 네 곳을 유치함으로써 영업 2년 차 말에는 50%까지 증가할 것이다(마케팅 계획 참고).
2. 가격은 현재 올드코 수준보다 5% 책정한다. 올드코 측에서는 가격할인으로 대응하기보다는 고객 충성도를 강화하고자 할 것으로 보인다.

우리가 어떤 가정을 하는지 신중하게 생각하고 그 가정을 명확하게 만드는 것이 중요하다는 점을 기억하자. *우리는 저도 모르게 가정을 해버린다.*

요점 설명하기

다음 예를 살펴보자.

1. 2004년에는 사업 이전으로 영업을 중단한 탓에 총 매출이 하락했다. 그러나 이듬해 성장을 재개하면서 만회했다.
2. 매출총이익률은 수년간 증가했으며 업계 내에서 일반적인

목표인 52%는 현재 달성할 수 있어 보이는데, 회사 규모가 증가하여 대량 구매가 가능하고 그에 따른 할인을 받을 수 있기 때문이다.

매출총이익률, 매출액 대비 인건비 및 부동산 비용 등과 같은 주요 비율을 항상 보여주자. 예측에서 이런 비율이 변한다면 그 이유를 설명하자. 특히 신규 사업을 시작할 때, 기획자는 회계사에게 조언을 구할 수는 있지만, 주요 가정은 스스로 확인해야 한다. 다른 사람에게 의지하기만 해선 안 된다.

> 나는 여가 사업에 관한 사업계획서를 받았는데, 부동산 개발업자가 이 분야에 경험이 없는 듯한 상담사한테 도움을 받아 쓴 것으로 75만 파운드를 구하고 있었다. 나는 이 사업계획서를 기꺼이 평가해줄 업계 관계자 몇 명한테 전화를 걸었다. 그중 두 명은 주요 공급사였다.
>
> 나는 이 계획서에서 가장 중요한 가정, 즉 시설 이용률이 아주 낙천적인 것을 발견했다. 내가 이야기했던 업계 관계자 네 명 중 세 명은 이 가정이 위험하다고 했다. 이런 평가는 예측의 신용을 떨어뜨렸다. 도대체 이 사업계획서의 기획자는 왜 가정을 재확인하기 위해 전화 몇 통조차 걸어보지 않았을까? 나만큼 빨리 알아낼 수 있었을 텐데 말이다.
>
> (기업 재무 상담사)

가정 결과가 다소 놀랍다면 지지 근거를 내세우는 일이 더 훨씬 더 중요해진다. 앞서 신규 대형 슈퍼마켓 소매업인 뉴코를 예로 들었다. 이런 사업이 성공하는 데는 이윤이 특히 중요한데, 뉴코는 공격적인 가격 정책을 내세웠음에도 예상 이윤이 경쟁사보다 더 높게 나타났다. 공개된 금융 개정을 이용하면 경쟁사가 얼마큼 이윤을 달성했는지 보여줄 수 있다. 뉴코가 더 높은 이익을 기록한 데는 여러 이유가 있겠지만, 가장 강력한 지지 근거는 공급사에서 받은 '공급 약정서'일 텐데, 이를 통해 공급사가 뉴코에 납품 가격을 보장해주고 있기 때문이다.

연습하기

- 매출성장이 3개월 지연되면 이윤이 어떻게 달라지는지 계산하자.
- 무엇보다도, 매출 원가가 10% 상승할 때 효과를 계산하자.
- 이런 상황이 벌어졌을 때 할 일 3가지를 적고 그 비용과 효과를 추정하자.

요약정리

- 몇몇 중요한 가정에 집중하고 설득력 있는 증거를 제공하자.
- 단계적으로 예측치를 구하자. 그저 곧장 어림짐작해버려선 안 된다.
- 이 중요한 가정이 기대보다 다소 나쁠 때 결과의 민감도를 계산하자.
- 숫자가 의미하는 바를 분명하고 간결하게 설명하자.
- 예측에 대해 더 알고 싶으면 부록 2와 3을 참고하자.

09
재무 정보

여러분은 재무 정보를 종합하여 정리하는 데 회계사의 도움이 필요한가? 그렇다면 전반적인 계획을 계속 통제하면서 재무 관련 부분을 작성할 때는 회계사를 이용하자. 지금부터 나올 내용은 회계사가 어떤 일을 하는지 이해하도록 도와줄 것이며, 원한다면 여러분이 이 부분을 직접 작성할 수 있도록 안내할 것이다.

사업계획서에 담아야 하는 재무 정보량은 상황이나 다음 요인에 따라 다양하다.

- 여러분이 설명하는 사업의 규모와 복잡성. 크고 복잡한 사업은 대규모 투자가 필요하므로 매우 자세한 부분까지 다뤄야 한다. 반대로 작은 사업은 설명이 더 단순할 수도 있으며 조사를 덜

해도 괜찮을지 모른다.

- 사업체가 이미 영업을 하고 있는가. 그렇다면 최대 3년 치 회계 장부를 넣어야 한다. 가능하다면 말이다. 가장 최신 회계장부는 가지고 있는 것이 초안뿐이라도 꼭 넣어야 한다.
- 사업계획서를 읽는 사람은 누구인가. 예를 들면, 상대가 기획 당국보다는 자본가일 때 재무 관련 세부 사항을 훨씬 더 많이 제공해야 한다.

지난 영업실적은 여러분이 제안하는 내용을 거의 암시하지 못할 수도 있는데, 예를 들어 지난 3년 동안은 매출이 연간 10만 파운드에 달했으나 내년에 100만 파운드까지 증가할 것으로 예측한다면, 어떻게 이렇게 큰 폭으로 증가할 수 있는지 설명해야만 한다.

영업실적을 요약한 내용이 사업계획서 본문에 나와야 하며 자세한 숫자는 보통 맨 뒤에 부록으로 넣어야 한다. 재무적인 개요를 계획서에 담을 때는 간단하고 이해하기 쉽게 해야 한다. 숫자를 이용해서 한눈에 알 수 있게 이야기해야 한다.

예측치를 과거 수치와 나란히 포함하는 것이 중요하다. 두 수치를 분리하면 읽는 사람이 비교하기가 어렵다. 앞선 사례에서

처럼 예상 영업실적이 갑자기 증가하는데, 읽는 사람이 미래와 과거를 비교하기 위해 문서를 뒤적여야 한다고 생각해보자. 쓸데없는 수고에 짜증이 날 것이고 여러분이 고의로 중요한 정보를 숨기는 것은 아닌지 몹시 의심할 것이다.

재무자료에서는 아마 다음 네 가지 요소를 다룰 것이다.

- 손익계정
- 대차대조표
- 현금 흐름 예측
- 자금 흐름

무슨 사업을 하든 컴퓨터로 자본가의 재정 구조를 예측하는 데 목매지 말자. 어쩌면 계산을 잘못해서 자본가가 다시 작업해야 할 수도 있다. 기업의 영업 결과까지만 설명하고 이자율, 자본 및 부채 규모 등에 대해서는 잊어버리자. 여러분 사업은 현금과 이윤이 얼마나 필요하고 얼마나 발생할지만 보여주자.

손익계정

원칙적으로 손익계산은 매우 단순 명료하지만, 영리조직이 성공하는 열쇠가 된다. 먼저 수익을 나열해서 더한 다음 비용을 제하면 순이익이나 순손실이 나온다.

손익계정을 '상당히' 단순한 형태로 만들면 다음과 같이 나타날 것이다.

부가가치세	A
생산비/직접비	B
총이익	C = (A - B) (A – B) / A %
직접비 (인건비 부동산비용 기타비용 감가상각비)	(D E F G)
	H = (D + E + F + G)
직접 이익	**I = (C – H)**
간접비 (인건비 부동산비용 기타비용 감가상각비)	(D E F G)
	N = (J + K + L + M)
자금 조달 및 제세 전 이익	**O = I – N**
자금 조달 비용	P
세전 이익	**Q = O – P**
세금	R
세후 이익	**S = Q – R**

그림 9.1 손익계정 양식 예시

수익이나 매출은 무엇을 의미할까? 여러분은 제품이나 서비스를 팔지만, 공공 보조금을 받거나 자산을 처분할 수도 있다. 이런 금액을 판매 수익에 더하면 기업의 총수익이 된다. 이때 할인액이나 소매업에서 시행하는 '하나 사면 하나 무료' 같은 특별행사 비용은 제한 다음에 보여주어야 한다. 이것이 회계에서 정의하는 '매출'이며 따라서 여러분이 보여주는 내용도 이 정의에 무리 없이 부합해야 한다. 그러나 총 가격에서 고객 할인을 얼마나 했는지 보여주고 싶다면, 할인 전 총매출액과 총할인액을 쓴 다음에 할인을 적용한 순매출액을 기재하길 강력히 추천한다. 이렇게 하지 않으면 매출대비 할인율이 상당하고 가변적일 수 있으므로, 읽는 사람이 숫자를 오해할 수도 있다. 총매출 및 순매출 대비 매출총이익 등과 같은 비율(재무 비율 참고)을 계산해서 보여주자.

위 표에서 비용을 정리한 방식은 수많은 방법의 하나일 뿐이다. 다양한 사업과 산업에 따라 가장 유용하다고 생각하는 손익계산서 작성 관습도 다를 것이다. 여러분 사업에 가장 잘 맞는 양식을 사용하자. 이런 특정함에 관한 사례로 기업의 영업 수익에서 직접비를 뺀 '매출총이익'을 들 수 있다. 산업이 다양하고 그 산업 내 기업도 다양한 만큼 매출과 직접 관련된 비용을 바라보는 시각도 다양하다. 제조업에서 직접비란 일반적으로 제품을 만들 때 들어가는 자재와 인력에 대한 비용을 포함한다. 소매업에서는 재고 구매 비용만 직접비에 포함하는 것이 일반적이지만, 거기에 매장에서 도난당한 돈을 포함하기도 하고 안 하기도 한다.

전문가가 아닌 한 미래의 세금 고지서를 추정하려는 생각은 좋지 않다. 일반적으로 권하진 않지만 이런 내용을 포함해야 한다면 회계사나 세금 전문가에게 조언을 구하자.

회계사에게 도움을 받아야 하는 사안은 크게 두 가지다.

- *기간대응*. 회계처리를 할 때는 관습상 서로 관계된 수익과 비용을 같은 기간에 대응시킨다. 2015년 12월 31일에 끝나는 12개월짜리 회계장부를 만든다고 해보자. 그리고 2016년 1월 1일부터 3개월분에 해당하는 임차료를 12월 1일에 냈다. 그러면 회계 기간 안에 돈을 냈지만, 이 비용은 이번 회계장부가 아니라 다음 해 회계 회계장부에 들어간다.
- *감가상각*. 감가상각이란 점진적으로 자산가치를 축소하는 회계 절차로, 시간이 흐르면서 자산가치가 소모되는 것을 표현한다. 가장 일반적인 방법은 매년 같은 금액을 빼는 것이다. 예를 들

어 부품을 가게에서 사 온 가격은 10만 파운드인데, 사업체가 이것을 10년 동안 차감하면서 매년 1만 파운드씩 회계장부에 비용으로 올리는 것이다. 감가상각 관련 규칙과 자산가치를 차감하는 적절한 기간은 복잡할 수 있으며 이 책에서 제대로 다루지 못할 수도 있다. 핵심 문제는 감가상각 기간을 정하는 것이다. 일반적으로 컴퓨터 장비와 소프트웨어는 3, 4년, 사무실 비품은 5년, 건설 장비는 10년에서 15년으로 잡는다. 자산의 내구연한을 적절하게 잡으면, 즉 수명을 길게 잡기보다는 지나치게 짧다 싶게 잡으면, 심하게 틀리지는 않을 것이다.

현금 예측

사업계획서에서 기막히게 훌륭한 이윤을 예상하더라도 현금이 떨어지면 그 이윤을 달성할 수 없다. 따라서 현금은 이윤보다 중요하다. 사업은 돈을 잃어서 망하는 것이 아니다. 대금을 치를 현금이 떨어져서 실패하는 것이다. 회계사는 이윤을 만들고 사업체는 현금을 만든다는 말처럼 현금이 중요하다. 아주 장기로 보면 총기대이윤은 현금 발생량과 일치할 것이다. 하지만 단기에서는 다음과 같은 지출도 해야 한다. 1) 장비와 컴퓨터 소프트웨어는 손익계정에는 수년에 걸쳐 나눠서 기재하지만, 실제 현금 세계에서는 즉시 돈이 나간다. 2) 재고자산을 획득하여 사업을 확장하는 일은 손익계정에는 기재하지 않지만, 여전히 진짜 돈을 써야 한다. 현금 유입 시기가 유출 시기와 맞아 떨어지지 않는다면, 청구서 비용을 지급할 수 없어 사업이 무너질 수 있다.

한 해를 시작할 때 통장에 10만 파운드가 있었으며 매달 공급사와 직원에게 1만 파운드를 줘야 한다고 하자. 그리고 한 고객사가 8번째 달에 20만 파운드를 낼 것이라고 하자. 그러면 수입이 20만 파운드고 비용이 12만 파운드므로 이윤은 8만 파운드고 연말에는 통장에 18만 파운드가 남을 것이다. 다음 표를 보자.

표 9.1

달	1	2	3	4	5	6	7	8	9	10	11	12
공급사	−1	−1	−1	−1	−1	−1	−1	−1	−1	−1	−1	−1
고객사								20				
개시 잔액	10	9	8	7	6	5	4	3	22	21	20	19
결산 잔액	9	8	7	6	5	4	3	22	21	20	19	18

그런데 고객이 실제로는 8번째 달에 돈을 주지 않는다고 하자. 12번째 달이 돼서야 준다고 말이다. 여전히 이윤은 똑같겠지만 문제가 있다. 다음 표를 보자.

표 9.2

달	1	2	3	4	5	6	7	8	9	10	11	12
공급사	−1	−1	−1	−1	−1	−1	−1	−1	−1	−1	−1	−1
고객사												20
개시 잔액	10	9	8	7	6	5	4	3	22	21	20	19
결산 잔액	9	8	7	6	5	4	3	2	1	0	−1	18

현금이 11번째 달에 바닥난다. 현금을 더 마련하지 않는다면 돈을 받기도 전에 영업을 중단해야 할 수도 있다.

사업을 확장하려면 대개 재고와 매출채권을 늘리는 등 다양한 일에 자금을 대야 하므로 현금이 필요하다. 이 모든 현금을 얻을 만큼 이윤이 충분한 일은 좀처럼 생기지 않으므로 상당한 이윤을 내는 와중에도 돈을 빌리러 은행에 가야 할 수도 있다.

사업 발달 초기 단계에서는 창업비용이나 초기손실이 막대할지도 모른다. 기대보다 진행이 더딜 수도 있다. 그러면 수익성 있는 사업도 현금이 바닥날 것이다.

앞선 사례에서 본 대로 현금 예측은 금액뿐 아니라 시기를 정확히 판단하는 데 달려있다. 여러분은 최선을 다할 수밖에 없으며 향후 12달에 대한 예측이 정확하지 않으리란 점은 확실하지만, 여러분이 작성한 현금 예측은 여러분에게 중요한 사안이 무엇인지를 강조할 것이다.

모든 사업계획서는 현금흐름예측을 포함해야 한다. 적어도 첫 해만큼은 12달로 나누어서 상당히 자세히 다뤄야 하니 수입과 비용만 덩그러니 쓰지 말자. 이렇게 하는 이유는 중요한 것을 안 잊어버리기 위해서다.

찰스 디킨스(Charles Dickens)는 미코버 씨(Mr Micawber)의 입을 빌려 말했다.

연 수입이 20파운드인데 연 지출이 19파운드 19실링 6펜스라면 행복할 것이다. 연 수입이 20파운드인데 연 지출이 20파운드 6펜스라면 불행할 것이다.

예측이 크게 틀리지 않더라도 않더라도 큰 문제가 생길 수 있다.

현금 예측에 대해 더 도움을 받고 싶다면 부록3을 참고하자.

민감도

상황이 잘못되면 여러분 계획은 얼마나 민감하게 반응하나? 대개 매출은 여러분이 상상했던 것보다 더 느리게 증가한다. 이럴 때 여러분이 최대로 필요한 현금은 어떻게 바뀔까?

여러분은 만약의 사태에 관해서도 사업계획서에 설명해야 한다. 경기가 침체하거나, 주문이 들어오는데 생각보다 오래 걸리거나, 사업 실적이 목표에 못 미칠 때도 견딜 수 있음을 증명하자. 사업은 목표를 넘을 때보다 부진할 때가 훨씬 많다. 인생이 다 그런 법이다.

손익분기점

어림짐작이긴 하지만, 손익분기점을 분석하면 재무 정보가 변화에 얼마나 민감한지 꽤 감을 잡을 수 있다. 여기서는 특정 상황이 나빠질 확률은 물론 어떤 요인이 나빠질 수 있는지조차 고려하지 않는다. 이 부분에 대해서는 나중에 위험에 관한 장에서 다룰 것이다. 손익분기점 분석에서는 매출이 얼마큼 감소하면(대개 퍼센티지로 표시한다) 사업이 정상이윤 상태가 되는가만 이야기한다.

이를 계산하려면 사업 비용을 세 가지로 분류해야 한다. 분류에는 고정 비용, 가변비용, 준 가변비용이 있다. 고정 비용은 매출이 감소해도 몇 달 정도 되는 단기에는 변하지 않고 바꿀 수도 없는 비용을 말한다. 흔한 예로는 임대료와 재산세가 있다. 매출이 줄었다고 사업부지를 매우 빠르게 줄이는 일은 거의 불가능한데, 임대 계약에 묶여있을 것이기 때문이다. 가변비용은 재고 구매비용을 예로 들 수 있는데, 매출이 기대보다 낮을 때 빠르게 변할 수 있으며 보통 매출에 대한 고정 비율로 나타낸다. 따라서 제조업자가 원자재 비용을 예컨대 판매합계액 대비 40%로 잡았다면, 매출이 감소할 때 투입요소도 줄어든 매출액 대비 40%만큼 덜 구매할 것이다. 준 변동비용은 어느 정도는 매출량에 따라 변하지만 줄일 수 없는 부분도 존재하는 비용이다. 예를 들어 전기세는 보통 일별 기본료에 소모단위 당 요금을 더해서 계산한다.

이런 주요 비용 요소를 얼마나 사용하는지 분석하면 손익분기점에서 판매합계액이 얼마인지 계산하기란 어렵지 않다. 스프레드시트를 구성해서 시행과 착오를 거쳐 가며 값을 입력해보는 방식도 다른 방식 못지않게 좋으며 복잡한 스프레드시트 모델을 만드는 것보다 빠를 수 있다.

당연한 말일 수도 있지만, 분석 결과 매출이 5%만 감소해도 사업 실적이 손익분기점까지 떨어진다면 매우 위험한 문제이며, 반대로 손익분기점에 이르는 비율이 50%라면 상당히 회복력 있어 보인다. 하지만 중단기적으로 비용을 조정할 수 있고 단기에서 중기로 가는 동안 은행에서 몇 달짜리 담보대출을 받는 등 자금을 조달할 수 있다면, 아주 위험할 때에도 성공할 수 있다는 점에 주목하자.

자금 조달

정말로 다른 방도가 없을 때를 제외하면 초기 결손 금액을 은행 대출로 메꾸지 마라. 사업 준비비용은 자기자본금, 즉 사업이 성공해서 배당금을 받기 전까지 이자를 받거나 원금을 돌려받지 않을 투자자가 낸 돈으로 마련해야 한다.

> 우리는 자본금이 부족해서 당좌차월 계약을 맺고 사업을 시작하는 사례를 많이 만났다. 그러면 대개는 문제가 발생했다. 어쩌면 사업이 고비를 넘기기 전에 은행이 '그만두십시오'라고 이야기할 수도 있다. 사업이 막 성장하기 시작하여 확장하는 데 현금이 필요한 때, 아마 관재인이 '더는 불가합니다'라고 말할 것이다. 은행을 탓해선 안 되는 것이, 은행은 위험을 감수할 의무가 없으며, 은행도 사업이기 때문이다. 자금을 잘못 조달한 사람은 기업가다. (회계사)

대출을 받았을 때 생기는 문제는 업황이 그리 좋지 않거나 한 푼이라도 더 끌어모아 투자해야 할 때도 항상 이자와 상환금을 내야 한다는 것이다. 은행은 불편한 시기에 돈을 갚으라고 요구할 수도 있다. 따라서 신규 사업을 위한 첫 번째 자금은 항상 투자자한테서 조달해야 한다.

은행 관재인과 자본가는 질 나쁜 돌발상황을 싫어한다. 그러니 잠재적인 문제들을 사업계획서에서 다루려고 노력함으로써 갑작스러운 상황이 아니라는 점을 보이자. 사업계획서에서 재무통제에 관해 이야기하는 것은 대개 좋은 생각이다. 갑작스러운 매출 감소보다는 예상치 못한 상황이, 그보다는 재무상태를 파악하고 있음을 못 보여주는 일이 더 나쁘다. 이 모든 상황을 해결하려면 사업 규모와 유형에 맞게 회계 시스템을 갖추는 수밖에 없다. 실패하는 사업은 대부분 재무 통제와 정보 관리에도 실패했다.

현금에 관해 마지막으로 할 말은, 투자자도 사업을 통해 현금을 얻길 바란다는 것이다. 당장은 아닐지라도 결국엔 말이다. 따라서 투자자는 배당이나 사업 매각을 통해 자기 몫에 해당하는 성공을 누리길 바란다.

조정과 확인

1년분 현금흐름예측과 손익계정은 조정했을 때 서로 일치해야 한다. 개략적으로 보면 이익잉여금 감가상각비를 더하고 자본 지출을 뺀 뒤 재고자산과 매출채권에서 매입채무를 뺀 사업 운전 자본의 변화를 조정하면 현금흐름과 숫자가 똑같이 나와야 한다. 현금흐름과 손익계정이 조화를 이루지 못하면, 도움을 받아서라도 이유를 찾자.

사업계획서를 읽는 사람도 이를 확인할 것이며 오류가 있으면 매우 나쁜 인상을 남긴다는 점을 기억하자. 그 순간 신용이 하락할 것이다. (부록2 참고)

시기

앞서 논의했던 대로, 현금과 관련해서는 시기가 무척 중요하다. 언제 기업에 자금을 댈 현금이 생기고, 언제 대금을 치를 현금이 필요하고, 언제 영업활동으로 현금이 발생하는지가 말이다. 현금을 확보하는 중이라도 일정이 지체되면 사업은 심각한 어려움을 겪을 수도 있다. 현금흐름을 예측할 때는 돈을 받고 내는 시기를 염두에 둬야 한다.

매출

고객에게 언제 돈을 받을 것인가? 고객이 돈을 빨리 낼 것이라고 확신하는가? 그렇지 않다면 여러분은 채권을 담보로 현금을 마련할 수도 있을 것이다. 이를 매출채권 매각 또는 송장 할인이라고 한다. 그러면 금융회사는 얼마나 빨리 돈을 줄 것이고 부채 중 얼마를 해결해줄 것인가?

부가가치세

우리는 판매세를 자주 잊어버린다. 정확히 언제 판매세를 내야 할까? 연체하면 어떤 일이 생길까? 사업체를 처음 설립할 때는 개업 전 지출 중 상당 부분을 환급해달라고 요청할 수 있을지도 모른다. 하지만 1차 신고 기간과 같은 특정 마감 기한을 놓치면 환급받는 데 수개월이 지체될 수도 있다.

재산세와 관리비

영국에서는 재산세를 먼저 낸 다음 과다 청구분에 대해 항의해야 한다. 돈을 돌려받으려고 노력하는 동시에 세금을 내야 한다는 사실도 지켜야 하기 때문이다. 돈이 없다는 핑계는 받아들여지지 않는다. 또 각종 요금과 부동산 관리비는 언제 내야 하는지 물어보자. 수도세와 보험료도 관리비에 포함되는가 아니면 따로 내야 하는가? 매달 낼 수 있는가 아니면 분기별로 낼 수 있는가?

거래 공급사

거래 공급사는 여러분에게 어떤 지급 조건을 내세울 것이며, 얼마짜리 외상을 얼마나 오래 허용해줄까? 확실한가? 공급사는 여러분에 관해 얼마나 잘 아는지와 상관없이, 여러분이 대기업에서 일할 때와 작거나 신규 개업한 회사에 소속해 있을 때 태도를 달리할 가능성이 있다.

전문 자문가

전문 자문가가 자문료 일부를 미리 달라고 요청할까?

세금

슬프게도 많은 사업체가 직원 급여와 월급에 관한 세금을 원래 기한보다 다소 늦게 낸다. 그러면 감사를 받고 어쩌면 벌금을 물 가능성이 있으며, 실제로 이런 일이 일어난다. 언제 이런 세금을 내야 하는지 사업계획서에 설명해야 한다.

대차대조표

대차대조표는 사업 자산과 부채에 관해 이야기한다. 그리고 가장 핵심적인 회계이론, 즉 복식 부기를 기반으로 한다. 대차대조표는 부채를 포함한 자금원을 통해 구매해야 하는 자산을 이야기해 준다. 주주든 은행이든 채권자든 이 모든 자금원을 한쪽 변에 놓고 전부 더하면 반대쪽 변에 있는 자산을 정확히 상쇄해야 한다. 대차'대조'표라고 부르는 이유도 이 때문이다.

대차대조표는 몇 가지 방식으로 보여줄 수 있다. 자산과 부채를 위아래에 둘 수도 있고 나란히 둘 수도 있다. 종종 자산과 부채가 일부 뒤섞이기도 한다. 예를 들어 당좌차월은 역 자산으로 나타낼 수도 있다. 핵심은 대차대조표상에서 두 부분이 상쇄돼야 한다는 것이다!

다음에 나온 예시는 상당히 단순하지만, 금융 관련 훈련을 전혀 받지 않은 사람이 대차대조표를 작성하려면 아마 회계사한테 도움을 받아야 할 것이다.

대차대조표는 균형을 이뤄야 한다. 즉 사업 자산은 주주 지분과 대출에서 완전히 조달해야 한다. 여러분 대차대조표가 서로 균형을 이루지 않는다면, 기업 재산을 어떻게 처리했는지 다시 계산하자. 재산은 고정 자산이나 유동자산에만 들어갈 수 있다.

고정 자산:		
토지		100
시설물		50
기계 및 장비		70
가구 집기		20
영업권		10
총계		250
감가상각비 차감		-50
순장부가액		**200**
유동자산:		
재고	90	
매출 채권	40	
선납금	10	
현금	10	
	150	
매입채무	80	
발생액	10	
세금	30	
	120	
순유동자산		**30**
순 자산		**230**
자금원:		
주식	100	
사내유보금	50	
주주 지분	150	
대출	70	
임차	10	
차입	80	
순 자산		**230**

그림 9.2 대차대조표 예시

재무 비율

여러분은 항상 사업계획서에 쓴 숫자를 이용해서 재무 비율을 계산해야 한다. 사업계획서를 읽는 사람도 여러분이 제시한 숫자로 계산해 볼 것이 거의 틀림 없으므로 여러분이 비율을 계산해서 그 정보를 제시하면 두 가지 이점이 따른다. 우선 사업계획서가 읽기 쉬워지므로 좋은 인상을 전달할 수 있다. 다음은 여러분이 비율을 인지하고 있으므로 거기에 관해 이야기할 수 있다. 이런 방식으로 여러분은 읽는 사람에게 상당한 통제력을 행사할 수 있다.

주요 비율은 다음과 같다.

- 매출총이익률
- 자산대비 순 부채 비율
- 이자보상비율
- 매출채권회전일수
- 매입채무회전일수
- 재고자산회전일수
- 유동 비율

읽는 사람은 여러분이 속한 산업에서 매출총이익률이나 재고자산회전일수 같은 비율이 어느 정도여야 하는지 아마 알고 있을 것이므로, 거기에 불 일치하는 부분은 물론 예측에서 증감하는 부분에 대해서도 반드시 설명할 수 있어야 한다. 시간이 흐름에 따라 발생하는 변화가 가장 중요하다. 이 비율들은 왜 변했거나 변할 것인가?

대출기관은 특히 자산대비 순 부채 비율과 이자보상비율을 살펴보길 원한다. 이 두 비율을 보면 재무 위험이 있는지, 주주들과 비교하여 금융 기관이 위험을 얼마나 부담하는지 짐작할 수 있다. 자산대비 순 부채 비율이 50% 이상이거나 이자보상비율이 200% 이하라면 대출기관은 아마 주저할 것이다. 물론 단기에는 이자보상비율이 100% 이하로 예측되는 상황도 있을 것이다. 즉 추가 대출을 받아 이자를 낸다는 것이다. 하지만 이런 사례야말로 여러분이 주도권을 쥐고서 상황이 언제 어떻게 왜 바뀔지 설명해야 하는 이유를 더 강력하게 보여준다.

매입채무와 매출채권의 회전일수, 재고자산회전일수와 유동비율 같은 지표는 모두 사업이 얼마나 유동적인지 알려준다.

매출총이익률

매출합계액에서 판매세와 판매 원가를 뺀 다음 순매출액으로 나눈 값을 퍼센티지로 나타낸 것이다. 매출총이익률은 고객 할인 전 판매를 기준으로 계산해야 하는데, 그렇지 않으면 다양한 기간에 발생한 여러 할인 효과가 영향을 미칠 것이다.

매출 원가는 제품을 판매할 수 있는 상태로 만드는 데 들어가는 다양한 비용이며, 산업마다 그 구성이 다르다. 소매업에서 매출 원가는 매출합계액에 포함된 재고를 구매하는 비용이 전부일 것이다. 제조업에서는 투입한 원자재 비용에, 완제품을 만드는 데 들어간 인건비와 그 노동력 관련 제조 간접비 일부를 더한 것이 될 것이다.

매출총이익률을 계산할 때는 '가격을 충분히 매겼나?', '팔면 안 되는 제품이 있나?', '비용이 지나치게 증가하고 있나?' 같은 질문에 주의를 집중해야 한다.

매출채권회전일수

미해결된 매출채권을 연간 순 매출로 나눈 뒤 365를 곱한 값이다. 매출채권회전일수는 평균적으로 여러분 고객이 얼마나 빨리 값을 치르는지 보여준다. 당연히 계절에 따라 변동하는 수치가 있으며 이를 바로잡으려고 노력할 수도 있는데, 어쩌면 판매 기간을 더 짧게 잡고 365 대신 그 날짜만큼을 곱할 수도 있을 것이다. 내 생각에 대부분 상황에서 이런 조치는 필요 이상으로 정교한 듯하다. 매출채권회전일수는 간단한 의미만 전달하면 되며 오해의 소지가 있다면 그 이유를 설명하기만 하고 넘어가면 된다.

이상적인 상황이라면 여러분은 채권자에게 대금을 지급하기 전에 채무자에게 대금을 받을 것이다. 그렇지 않다면 이유는 무엇인가?

매입채무회전일수

미해결된 매입채무를 연간 매출 원가로 나눈 뒤 365를 곱한 값이다. 여러분이 대금을 치르는 데 얼마나 걸리는지를 다른 사람이 왜 신경 쓸까? 사업계획서상에서 여러분이 대금을 치르는 데 오래 걸리는 것으로 나타났다면, 현금이 부족하거나 매입채무를 이용해서 숫자 균형을 맞춘다는 뜻일 수도 있기 때문이다. 앞서 말한 대로 재무 비율은 쉬운 답을 주기보다는 의문을 제시한다.

그러면 왜 매입채무로 제한할까? 여러분은 대개 공과금 따위를 언제 내는지는 그다지 신중하게 다루지 않기 때문에 이런 것들을 포함하면 그림을 왜곡할 수 있다. 또 이런 비용은 매출 원가에 들어가지도 않는다.

재고자산회전일수

원가로 계산한 재고를 연간 매출 원가로 나눈 뒤 365를 곱한 값이다. 판매 이윤은 제외하는데 회계장부에서 이윤은 재고 가치에 들어가지 않기 때문이다. 재고자산회전일수는 현금이 얼마나 많이 묶여있는지 보여주는 수치이며 오래되어 팔기 어려워질 재고를 표시한다.

유동 비율

회계장부에서 나타나는 유동부채 대비 유동자산 비율이다. 대개 소수로 표현하지만, 퍼센티지로 나타낼 수도 있다. 유동 비율이 1이나 100% 이하라면 여러분은 공급사 돈으로 사업을 운영하는 셈이다. 실제로는 슈퍼마켓이나 자금 회전이 빠르고 규모가 큰 여타 사업에서만 이런 수치가 나오며, 이런 회사는 재고 회전율이 무척 높을 것이라 기대한다.

자산대비 순 부채 비율

사업이 보유한 순 부채를 총부채와 주주 지분을 더한 값으로 나눈 비율이다. 이때 순 부채는 총부채에서 보유 현금을 뺀 값이다. 자산대비 순 부채 비율은 대개 은행 대출, 임차, 매출채권 매입 등을 비롯하여 사업에 부채가 얼마나 많은지 추적하며, 자산대비 순 부채 비율이 상승하는 추세라면 현금이 부족할뿐더러 재무 위험이 있음을 암시할 수 있다. 자산대비 순 부채 비율이 높을수록 위험도 더 크다.

이자보상비율

이자를 내기 전 이익을 회계장부에서 같은 기간 지급해야 하는 것으로 나타나는 이자 비용으로 나눈 값으로, 퍼센티지로 나타낸다.

기타 측정치

매출대비 인건비와 매출대비 간접비, 그리고 일부 사업에서는 매출대비 부동산 사용료까지 전부 동향을 짐작하는 데 유용하게 사용할 수 있다. 당연히 인건비와 간접비, 부동산비용은 전부 떨어지고 이윤은 올라가는 모습을 보여주고 싶겠지만, 이런 숫자로 가짜 그림을 그리려고 하진 말자.

앞서 언급했듯, 이런 측정치는 전부 산업마다, 심지어 회사마다 고유한 값이 있다. 예를 들어 소프트웨어 회사는 아마 이윤이 아주 높을 것인데 비용기반 상당 부분을 제품 개발이 차지하기 때문이다. 따라서 개발비 일부를 판매 원가와 재고에 넣어서 수익을 낮추는 편이 영리할 수도 있다.

추세

위험에 대해 논의하면서 우리는 수치 추세를 언급했다. 무엇이 잘못될 수 있는지 고려하는 일이 중요한 만큼 주요 지표가 어느 방향으로 변할지 생각하고 거기에 관해 설명하는 일도 중요하다. 여러분이 규모의 경제에 관해 설명한다면 읽는 사람은 이윤이 증가하는 모습을 기대할 텐데 만약 숫자에서 그런 모습이 나타나지 않는다면 이유를 설명해야 한다. 그러니 비율이 이치에 맞고 설명 및 추세와도 조화를 이루는지 확인하자. 논리적이지 않은 추세는 보여주지 말자. 예를 들어 기존 사업에 관해 쓴 사업계획서를 보면 상당수가 과거에는 매출이나 이윤 수준이 안정적이다가 예측 부분에서 갑자기 돌변하여 극적으로 증가하는 추세를 보인다. 예측을 조절하든 아니면 갑작스러운 속도 변화를 설득력 있게 설명하자.

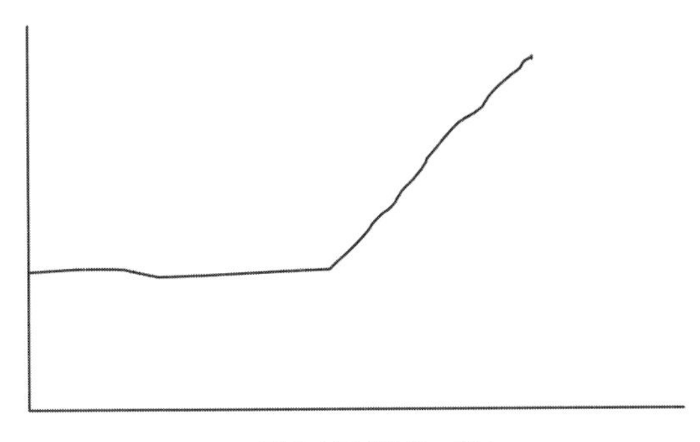

그림 6.1 급격히 휜 그래프

주요 용어

영업권

영업권은 여러분이 다른 사업체를 예컨대 100파운드에 인수하는데, 이 사업체의 대차대조표상 순 자산이 80파운드일 때 발생한다고 생각하면 된다. 차액에 해당하는 20파운드를 영업권이라고 부른다. 아무 이유 없이 20파운드를 추가로 내지는 않았을 것이다. 회계장부상에서는 여러분이 인수한 사업체를 대차대조표 대로만 평가하지만, 여러분은 미래의 잠재 이윤을 대가로 추가금을 낸 것이다.

회계기준에 따르면 영업권은 매년 조금씩 차감해야 한다. 이와 관련해 어려움이 생긴다면 회계사에게 도움을 구해야 할 것이다.

선납금

같은 기간에 발생한 수입과 지출을 맞춰야 한다는 원칙에 따라 보통 미리 낸 돈은 매출채권으로 나타낼 것이다. 따라서 6월에 결산을 하는데 사실상 7월과 8월, 9월에 대한 임대료 청구서를 5월에 받았다면 손익계정에는 집어넣지 않겠지만 대차대조표상에는 선납금으로 표시할 것이다. 아직은 실제로 돈을 내지 않았어도 말이다. 청구서를 받았는데 납부기한이 5월까지라면 부채에 해당하는 매입채무로 장부에 집어넣되, 자산인 선납금으로도 표시함으로써 대차대조표의 양변이 균형을 이루게 해야 한다. 미리 대금을 낸다면 더는 매입채무로 나타나지 않지만, 사업체의 현금을 감소시키며, 선납금으로는 여전히 나타난다.

발생액

때로는 받을 예정인 것은 알지만 아직 도착하지는 않은 청구서를 대차대조표에 넣을 것이다. 이는 기간을 맞출 뿐 아니라 꼼꼼함을 추구하는 회계 원칙을 반영한다. 따라서 전기세 청구서를 1년 동안 받지 않았다면, 여러분은 전력회사가 실수했다고 생각할 것이다. 하지만 청구서가 어느 날 한꺼번에 몰려올 수도 있으니, 청구서를 비용 쪽에 기재하되 발생액이라는 계정 과목으로 보여주자.

견적 대차대조표

견적은 매우 단순하게 만든 장부로 이론적인 가정을 반영한다. '견적'이라는 단어는 그 숫자들이 예측이 아니라 실례라는 점을 말해준다. 따라서 사업을 새로 시작할 때는 견적 개시 대차대조표를 작성할 것이다. 여기서는 아마 매출채권이나 매입채무 없이 단지 자산과 현금이 주주 지분 및 부채와 균형을 맞출 것이다.

마찬가지로 다른 회사를 인수하거나, 신규 사업을 추가하거나, 신주를 발행하기 위해서는 견적 대차대조표를 준비해야 하는데, 전반적인 자산과 부채를 단순히 합산해서 보여주기만 해도 통합한 대차대조표가 어떤 모습일지 짐작할 수 있다. 합병 예정인 두 기업을 통합하거나 새로 시작할 사업을 추가해서 영업했을 때 이론상으로 어떤 영업 결과가 나왔을지 보고 싶다면 견적 손익계정을 만드는 일도 가능하다.

요약정리

- 모든 사업계획서는 재무 정보를 이용해서 주장을 뒷받침해야 한다.
- 재무 정보를 종합하는 데 회계사 도움이 필요한가?
- 말과 숫자는 같은 이야기를 해야 한다.

10 위험

대개 사업계획서에서는 예측에 관해 이야기하면서 위험에 관해 다룬다. 논리적으로 볼 때 위험을 논하기에 적절한 부분은 제안에서 가정하는 바를 자세하게 말한 다음이다. 그런데 왜 위험에 대해 말할까? 문제를 제기함으로써 대화를 끌어갈 수 있기 때문이다. 1) 다른 사람 사업이 그렇듯 여러분이 제안한 사업에도 위험이 있음을 인정한다고 보여줄 수 있다. 만약 제안한 내용에 위험이 없는 척한다면 투자자나 동업자 모두 여러분에게 진지하게 귀를 기울이지 않을 것이다. 2) 읽는 사람이 떠올릴 걱정거리를 해소할 기회가 생긴다. 여러분은 질문에 미리 대처함으로써 주장을 강화할 수 있다.

위험에 대처하는 방식은 여러 가지다. 예를 들면 다음과 같은 일을 할 수 있다.

- 어떤 일이 벌어질 확률이 낮음을 설명한다.
- 사건에 따른 충격이 사업에 심각하게 피해를 줄 정도는 아님을 보인다.
- 어려운 상황에 어떻게 대응할지 설명한다.

서점 체인을 예로 들면, 몇 가지 위험을 다음과 같이 예측할 수 있다.

- 경기가 침체하여 매출이 예컨대 예상보다 15% 낮다.
- 주요 공급사가 공급을 중단할 의사를 보인다.
- 생각보다 경쟁이 치열하여 매출이 예컨대 예상보다 15% 낮고 매출총이익은 2% 낮다.
- 비용이 예상보다 20% 높은 것으로 드러난다.
- 차입비용이 5% 오른다.

보다시피 일반적으로 위험은 종류가 단 4가지다.

1. 매출이 낮다.

2. 이윤이 낮다.

3. 비용이 크다.

4. 주요 운영 문제가 발생한다.

물론 사업계획서에서는 아래 두 가지보다는 위에 나온 두 가지를 잘못 파악하곤 한다. 다 아는 사실이지만 비용이 예상보다 아주 심각하게 높을 때는 드물다. 여러분이 합리적으로 대비했다면, 비용 수준 전체를 극적으로 틀릴 가능성은 없다. 심각한 타격을 주려면 한두 가지 비용 요소를 크게 틀려야 하기 때문이다. 예를 들어 매출대비 비율로 나타낸 소매업 회계장부가 다음과 같다고 하자. 총비용을 매출대비 10% 틀려서 손익분기점 상태가 되려면 매출 원가는 18% 틀려야 하지만 인건비만 보자면 66.7%를 틀려야 마찬가지 효과가 나온다.

매출총이익	45%
45%	
차감:	15%
인건비	15%
부동산비용	5%
기타비용	10%

따라서 매출과 이윤을 잘못 계산할 위험을 논의하는 데 집중해야 한다. 어떤 일이 발생할 수 있으며 그 충격은 어떨까? 잘못될 수 있는 요인을 수십 가지씩 나열하진 말자. 사업에 따라 중요한 위험은 대개 여섯에서 여덟 가지 정도다. 여기에 대처하자. 사건 발생을 막고 사건이 발생했을 때 대처하기 위해 무엇을 할지 늘 설명하자. 예를 들어 이윤이 낮으면 목표를 정해 판촉활동을 벌이면서, 매출 배합을 다시 고려하거나 매출 감소를 감수하고서라도 가격을 올릴 수 있다. 사업계획서에 가격을 올리겠다고 적을 때는 매출이 감소할 것이라는 점도 꼭 명시해야 하는데, 그렇지 않으면 신용을 잃을 것이다. 매출을 떨어뜨리지 않으면서 가격을 올릴 수 있다면 왜 그렇게 하지 않겠는가?

이 장에서 다룰 마지막 위험 유형은 주요 운영 문제인데, 도난이나 화재를 당하거나, 계획 동의를 얻는 데 실패하거나, 주요 공급사를 잃거나, 생산 과정에 근본적인 고장이 발생하는 사례를 들 수 있다. 이런 사안을 다룰 때는 보험 증서나 유효한 계약을 가능한 한 보여줌으로써 대체 공급원이 있거나 비용이 다소 들더라도 생산 실패에 대처할 수 있음을 증명해야 한다.

사업에는 늘 위험이 따르기 마련이다. 투자자나 잠재적 협력자는 여러분이 약속하는 수익률이 위험을 감수한 대가를 반영한다는 사실을 이해할 것이다. 따라서 위험이 발생할 확률이 얼마나 낮으며 위험에 어떻게 대처할지에 대해 할 수 있는 대로 설명한 다음에는 위험한 상황에 부닥칠까 봐서가 아니라 거기에 대해 아무 일도 못 할까 봐 걱정하자.

무엇을 잘못 알았나?

다른 사람이 저지른 실수에서 교훈을 얻자. 우리는 온라인 서점이 가하는 위협을 단기적으로는 거의 정확히 이해했지만, 온라인 서점이 마침내 달성할 시장 점유율은 과소평가했다. 게다가 판매가 절정에 달하는 크리스마스에 슈퍼마켓에서 인기 도서를 크게 할인함에 따라 받는 타격을 간과한 나머지 시기를 놓쳤다. 경쟁사는 우리 바로 앞에서 시장에 진입했고 늘 우리보다 먼저 최고의 소매업 자리를 차지했으며 우리는 후발 주자가 되는 위험을 감수해야 했다.

장기 vs 단기

장기까지 가려면 단기에 살아남아야 한다. 10년 앞을 걱정하느라 지나치게 에너지를 낭비할 필요는 없는데, 계획 3년 차까지 큰 성공을 거둔다면 적응하고 다각화할 시간이 많기 때문이다! 그러니 먼 미래에 다가올 위협과 기회를 언급은 하되 여러분이 먼 미래로 가는 데 필요한 것들에 먼저 집중하자.

중요한 문제에 집중하라

'DIM (Does it Matter?)' 원칙을 적용하자. 중요한 문제인지를 따지자는 것이다. 나는 영업이 가장 바쁜 시기를 대비해서 컴퓨터 서버를 교체하고자 자본 지출계획서를 제출한 적이 있는데, 우리 시스템의 탄력성이 걱정됐기 때문이었다. 서버가 잘못될 확률은 낮았지만 최근 규모가 작은 실패도 참담한 결과를 초래할 수 있음이 드러나기도 했다. 따라서 이는 우리 운영 방식과 관련한 전략적 결정이었다. 내 제안서에 대한 반응은 예기치 못한 것이었다. 대체로 내 의견에 즉각 동의하긴 했지만, 이사회에서는 프로젝트 자금을 조달하는 문제를 논의하느라 결정을 미뤘고, 그 결과 정말 필요할 때 해법을 적용하지 못했다. 이런 사태가 벌어진 이유는 중요한 문제가 아니라 부차적인 문제에 집중했기 때문이다. 자금 조달은 문젯거리가 아니었고 우리 현금 흐름을 보면 지출을 감당할 수 있었다. 여기서 교훈은 꼭 고려해야 하는 중요한 문제에 집중하고 사소한 사안은 경시하도록 읽는 사람을 유도하는 계획서를 작성해야 한다는 것이다. 상대방이 어떻게 반응할지 생각하고 바른 결정을 내리도록 이끌자.

일상적인 문제를 잊지 말아라

오늘날 사업체 대부분은 시스템 위험을 지고 있다. 그러나 시스템 위험에 집중하느라 다른 사업 부분을 전부 무시해선 안 된다. 마찬가지로 시스템 위험을 잊어버리지도 말자. 컴퓨터 서버에 불이 나거나, 소프트웨어 공급사가 파산하거나, 자료를 해킹당하거나, 바이러스에 감염돼서 고객 정보를 잃거나, 파일이 지워지거나, 파일에 전혀 접근할 수 없게 될 수도 있다. 몇 주 동안 전기가 끊기거나 인터넷이 차단될 수도 있다. 자료를 백업하는 일만 걱정할 것이 아니라 얼마나 빨리 정상 영업을 재개할 수 있는지도 생각하자.

사람은 어떤가? 핵심 직원이 사라지면 재난 같은 상황이 벌어질까?

어느 회사 이사회에 제출했던 사업계획서 사례를 함께 살펴보자. 마지막 문장은 이랬다. '위험은 크지만, 고려할 만한 다른 대안을 마련하지 못했다.' 도대체 어떤 사람이 이런 말을 쓰는 것이 좋다고 생각했을까? 곰곰이 생각해서 더 사려 깊게 대답할 수도 있었지만, 나는 정확하게 의견을 표현하면서 사업계획서를 읽는 사람을 집중시켰다. 나는 이렇게 썼다. '이 제안은 우리 눈을 가리고 손을 잡아끌어 심연으로 뛰어들려는 것처럼 보이는데, 더 나은 아이디어를 내놓은 사람이 없기 때문이다. 나는 우리가 이사로서 법적 책임뿐 아니라 직원과 주주에 대한 도덕적 책임을 상기하고 결정을 내리기 전에 합당한 조사를 수행하는 데 최선을 다하기를 공손하게 제안한다.'

연습하기

- 제안서에 위험을 전부 나열한 다음 매출, 이윤, 비용, 운영 이렇게 4가지로 분류하자.
- 이런 위험을 표로 정리해서 각각에 해당하는 발생 가능성 (낮음, 중간, 높음), 발생 결과 (가벼움, 치명적), 사건 발생 시 대처 방안, 단기적인지 장기적인지를 평가하자.
- 표 아래에는 위험한 상황이 동시에 여러 개 발생하면 어떤 일이 벌어질지 답하자.

요약정리

- 모든 사업에는 위험이 따른다.
- 여러분한테는 무엇이 주된 위험이고 그로 인해 나쁜 상황이 벌어질 확률은 어느 정도인지 설명하라.
- 무엇보다도 상황이 잘못됐을 때 어떻게 대처할지 간단히 설명하라.

11 법적 문제와 비밀유지

비밀유지

전문 투자자나 금융 기관이나 전문 자문가가 아닌 사람에게 사업계획서나 매각제안서를 보낼 때는 중요한 법적 문제가 발생할 수 있다. 사업계획서를 누군가에게 보내는데 때마침 어떤 거래가 성사될 가능성이 있을 때도 문제가 생긴다. 영국 법에서 정한 바에 따르면 여러분이 보낸 문서는 사업설명서가 될 수도 있으며, 그러면 모든 내용에 대해 감사보고서가 있어야 한다. 대기업이라면 당연하게 여길 수 있지만 그렇지 않다면 다소 과하게 보인다. 50명 이상한테 문서를 보낸다면 거의 확실히 문제가 생긴다. 게다가 누군가 여러분 사업계획서를 읽고 투자하거나 사업체를 인수했는데 상황이 잘 풀리지 않을 때 사업계획서에 있던 내용을 바탕으로 허위진술이라며 여러분을 고소할 위험도 존재한다.

이런 위험을 피하려면 변호사와 상담해서 수신인한테 서명을 받을만한 적절한 서신과 사업계획서 서문을 작성하길 권한다. 서신을 받은 수신인은 자기가 노련한 투자자이거나 전문적인 조언을 받고 있음을 인정할 것이다. 사업계획서 서문에서는 다음 내용을 주장하려 노력해야 한다.

- 본 문서는 정보 보고서지 사업설명서가 아니므로 매각 제의를 하지 않는다.
- 본 문서는 어떤 계약도 구성하지 않는다.
- 해당 사업 이사와 주주는 본 문서에 포함된 정보가 정확함을 보증하거나 확약하지 않는다.
- 수신인은 본 문서에 의존하지 말고 해당 사업에 관해 자체적으로 조사해야 한다.

얼마 전 나는 인터넷 사업에 관한 매각제안서를 받았는데 위 조항을 모두 포함하고 있으면서도, 재밌던 것이 사업을 매각하려는 사람들은 해당 문서를 통해 참고 가격을 조성하려 했을 뿐 아니라 잠재적 구매자가 사업에 관해 대개 기업실사라고 하는, 전적인 조사를 하는 것을 제한하려 했다. 이런 접근 방식이 과연 본 문서는 '매각 제의'가 아니라는 주장과 타협할 수 있을지는 매우 의심스럽다. 나는 이 두 가지를 양립시킬 방안을 모른다. 작성자는 다른 사람한테서 얻은 문서를 베낀 것이 분명했다. 여기서도 또 다른 문제가 눈에 띈다. 다른 사람이 쓴 서문이나 서신을 베끼고 싶다면, 그 이후로 법이 바뀌거나 상황이 예상과 다를 수 있으니 주의해야 한다. 여러분이 베끼려고 하는 서신도 결국엔 다른 사람의 것을 베꼈을 수도 있다. 법적인 자문을 구하는 것이 더 안전하다. 그렇게 하지 않겠다면 적어도 여러분이 위험을 감수한다는 점은 인지하자.

사업계획서를 잠재적 협력사나 은행, 혹은 직원에게 보낸다면, 그 안에 담은 정보를 기밀로 유지하는 문제가 중요하다. 여기에는 몇 가지 대처 방법이 있다.

- 비밀유지 동의서에 서명을 받는다.
- 사업계획서 첫머리에 읽는 사람이 비밀을 유지하도록 구속하는 문단을 삽입한다.
- 민감한 정보는 제외하려고 노력한다.

보통 마지막 선택지는 비현실적이다. 예를 들어 여러분이 대출을 받으려 하는데 사업계획서에서 현금 예측을 누락시킨다면 은행은 심드렁할 것이다. 투자자는 주요 공급 계약이 보고 싶을 것이다. 하지만 어쩌면 일부 정보는 비밀로 하면서도 잠재적 협력사와 신뢰를 구축할 수 있을지도 모른다.

비밀유지 동의서는 평범한 반쪽짜리 서신에서부터 일부 상업은행이 사업을 매각할 때 발행하는 대여섯 쪽짜리 문서까지 다양하다. 모든 것은 상황에 달려있다. 예를 들어 부록1에는 상당히 단순한 서신을 첨부했다. 하지만 이것은 예시일 뿐이며 비밀유지에 관해 우려된다면 변호사와 상담해야 한다.

동의서 내용은 보통 다음과 같다.

- 제공하는 정보를 정의하고, 그 귀중한 정보를 공인되지 않은 사람에게 전달 시 사업에 피해를 줄 수 있음을 이야기한다. *(보통 '권리가 소멸'하지 않은 정보만 여기에 해당함을 강조한다.)*
- 정보 수신자에게 다음과 같이 의무를 지운다.
  - 정보를 비밀로 유지한다.
  - 정보를 자기 사업에 이용하지 않는다(잠재적 경쟁사와 논의할 때는 이 항목은 특히 중요하다).

- 직원과 자문가에게만 정보를 전달할 수 있으며, 이들한테도 같은 방식으로 법적 의무를 적용해야 한다.

어떤 비밀유지 동의서는 수신자가 해당 사업체 고객이나 공급사나 직원에게 접근하여 정보를 주는 것도 금지할 것이다. 동종 사업을 시작하지 않겠다는 약속을 요구할 수도 있다. 이런 약속은 대개 기간에 제한을 둘 것이다. 법원에서 불합리한 제약이라고 판단할 수 있는 조항을 내세운다면 법적 효력을 발휘하지 못할 수도 있다. 동의서에서는 보통 논의를 마친 다음에는 사업계획서 사본을 만들지 말라거나 반납하라고 요구한다. 하지만 이 부분을 강제하거나 수신자가 요구에 응하지 않았을 때 어떻게 할 방법은 마땅히 없다.

사업계획서 자체에 비밀유지 협약을 넣는다면, 맨 앞쪽에 싣고, 본 문서를 수용함으로써 수신자가 협약에 구속된다는 이야기를 적어야 한다. 다른 주제로 넘어가기 전에 비밀유지 협약을 강제하는 소송은 드물다는 점에 주목해야 하는데, 비용 때문이며, 사업체가 작을수록 부담이 크다. 영국에서는 금액이 5만 파운드를 초과하지 않는 한 분쟁이 법정에 이르는 사례는 드문데, 법정에 간다면 상대편에서 재판비용 공탁금을 요청할 위험이 있다. 이는 대기업이 작은 기업을 괴롭히는 것을 허용하는데, 패소 가능성이 있다고 느끼면 양측에서 사용하는 법정 비용이 경악할 정도의 금액까지 쌓일 수 있기 때문이다. 그리고 법정에 갈 때는 언제나 패소 가능성이 있다. 어떤 회사는 법원에 맡길 공탁금을 구하는 일마저도 상당한 부담일 것이다.

요약정리

- 귀중한 정보를 믿지 못할 사람에게 주지 말자.
- 비밀유지 동의서를 이용해서 아이디어를 보호하려 시도할 수는 있지만, 강제하기는 어렵다는 점을 인지하자.
- 틀린 것으로 판명 났을 때 고소당할 수 있는 정보는 제공하지 말자.

12
사업 매각하기

사업계획서는 사업을 매각할 때도 자주 사용한다. 아마 회계사를 고용해서 일을 맡긴다면 보통 사업계획서나 매각제안서를 작성할 텐데, 이 둘은 사업 매각이라는 맥락에서는 같은 문서다. 비록 작성은 다른 사람에게 맡긴다고 해도, 어떻게 해야 하는지를 여러분도 알고 있으면 작성 과정을 지휘하고 감독하는 데 도움이 된다.

매각제안서는 이 책에서 설명하는 사업계획서와 근본적으로 비슷하다. 사업계획서였다면 맨 앞에 개요가 오는 자리를 매각제안서는 '투자 제안'으로 시작하면서 구매자에게 요구하는 것은 무엇인지, 무엇에 관한 사업인지, 주요 매출 현황은 어떤지를 간략하게 요약할 것이다. 그다음에는 서론으로 들어가서 사업에 관해 설명할 것이다. 그리고 시장, 경영, 재무 기록 등에 대한 부분이 따른다.

과정이 이렇게 비슷하다면 무엇이 다를까? 주로 어조가 다르며 매각제안서에서는 구체적인 전략과 '인사 계획' 같은 부분을 생략한다. 나는 최근에 어느 인터넷 사업에 관한 매각제안서를 받았는데 전형적으로 넣지 말아야 할 내용이 많았고 특이한 점도 약간 있었다.

매각 이유 설명하기

여러분이 구매자한테 매각 이유를 설명하지 않고, 말도 설득력 없이 한다면, 구매자는 알아서 결론을 내릴 수밖에 없는데, 아마 여러분이 좋아할 만한 결론은 아닐 것이다. 구매자는 사업이 악화 중이어서 여러분이 필사적으로 없애버리려 하는 것으로 판단할 수도 있다.

이 사업의 장래성을 강조하라

먼저 앞서 말한 점에 주목하자. 기회가 그토록 대단하다면 왜 매각할까? 그러니 이런 식으로 글을 써야 한다. '지금이 이윤을 내기에 좋은 시기라고 생각하지만, 나는 은퇴자 주택으로 이주

하려 한다.’ ‘구매자는 나보다 더 돈을 많이 벌 수 있으리라 생각한다.’ ‘나한테는 사업을 키우는 데 필요한 능력이 부족하다.’

이 사업이 머지않아 급격하게 호전될 것이라고 설명하느라 시간을 낭비하지 마라.

구매자에게 굉장한 기회라고 강조하는 것도 중요하지만, ‘도를 넘는 것’은 정말로 좋은 생각이 아니다. 내가 받은 제안서에서는 매출과 이윤이 그림 12.1처럼 변했다. 매출과 이윤이 미래에 계속 껑중껑중 뛰어오르는 모습이 이상하지 않은가? 나는 이렇게 믿기 힘든 예측은 사용하지 말하라고 경고하지만, 예외가 되는 때도 하나 있다. 사업이 가파르게 성장할 것이라고 믿을 만한 이유가 정말로 존재하고, 설득력 있는 사례가 이를 뒷받침하며, 성장한 다음이 아니라 그전에 매각하려는 이유도 설득력이 있는 때이다. 그림과 같은 예측은 오직 이럴 때만 매매제안서에 넣어야 여러분 주장에 보탬에 된다.

이런 터무니 없는 주장을 보면 구매자는 흥미를 잃을 것이며, 판매자가 필사적으로 주장을 정당화하려 하고, 믿을 수 없는 이야기를 하는 데에 추가로 위협을 느껴서 지급할 용의가 있는 가격을 낮출 것이다. 게다가 이런 사례에서 언급한 숫자는 관련 비용 일부를 제한 것이 분명하므로 상대적으로 적은 이윤이 실제로는 더 미미할 것이다.

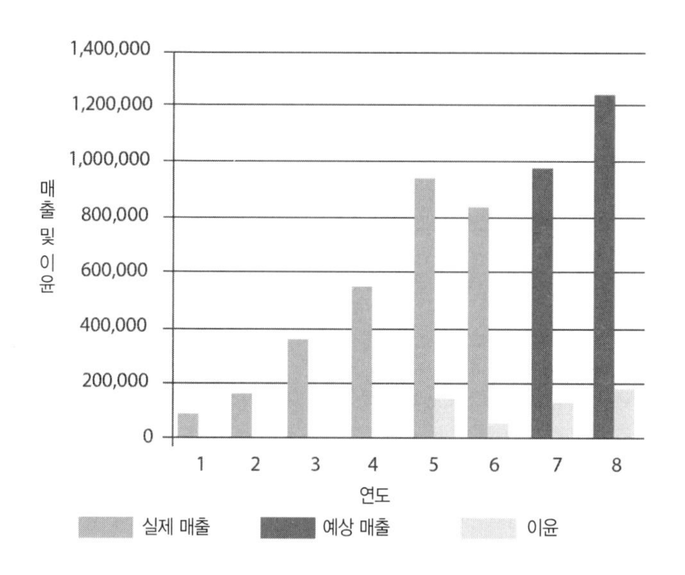

예측을 포함해야 하나?

예측이나 예산안이 있다면 사업계획서에 넣어도 좋다고 생각하지만, 무엇을 가정했는지 설명하고 터무니없는 부분은 생략하자. 읽는 사람이 믿지 않는 예측은 넣을 가치가 없다. 앞서 말한 인터넷 회사는 주요 고객사를 잃었음을 인정하면서도 예측에서는 이듬해 추가 사업을 따냄으로써 그 부분을 만회할 수 있다고 가정했다. 이상하게도 당해 예산에서는 매출과 이윤이 2만9천 파운드 감소했지만, 내년에 3만 파운드를 회복하리라고 예측했다. 글쎄, 어쩌면 그럴지도 모르겠다. 하지만 이 주장을 '터무니없는' 상태에서 '합리적이게 들리는' 상태로 떠받쳐 올릴 정도로 설명을 자세히 제공하는 데는 실패했다. 물론 여러분은 사업을 좋게 포장해야 하지만 그렇게 할 때는 설득력 있고 자세하게 설명해야 한다.

매입자는 누구인가?

여러 구매자를 위해 문서를 다양하게 작성할 만큼 시간이 남아돌지는 않을 것이므로 처음부터 구매자들이 원하는 바를 생각해서 그 모두를 아우르는 내용을 쓰자. 문서 하나로는 도저히 다룰 수 없을 만큼 상당한 차이점이 있다면, 매각제안서에 첨부하여 보내는 서신에서 그 내용을 다루는 것은 어떨까? 여기서 설명한 인터넷 회사는 분명 잠재적 구매자에 관해 생각했고 구매자를 적절하게 분류하여 문서로 정리했지만, '인터넷 사업 경험이 없는 사람들'이 있다는 것을 인지했으면서도 설명을 충분히 자세하게 하지 않았다. 예를 들어 이런 사람들은 당연히 프로그래밍 기술이 없을 텐데도 판매자는 회사 어디에 프로그래밍 기술을 갖추고 있는지 설명하지 못했다. 내 생각에 이런 일은 하도급을 줬던 것 같지만 여전히 확실치 않다. 구매자를 파악한 다음 공략하자!

정보를 숨겨라

사업을 매각한다면 여러분이 쓴 문서를 읽는 사람은 현재나 미래 경쟁자일 확률이 매우 높으며 명백한 이해 당사자 중 일부는 정보만 노릴 수도 있다. 이런 사람한테 민감한 정보를 주지 않으려면 어떻게 해야 할까? 이 책에서는 비밀유지 동의서에 관해 설명했으며 당연히 여러분은 매각 절차 후반까지 특히 유용한 정보를 경쟁자에게서 감출 것이다. 여러분은 첫 매각제안서에 구매자가 원할 만한 것을 전부 담지 않을 것이며 관심을 보이는 사람 한두 명에게 정보를 추가로 주기 전에 참고 가격을 제시하라고 요청할 수도 있다. 결국에는 상대방에게 털어놓아야 하며, 과도하게 주의를 기울이게 될 수도 있음을 기억하자. 매각제안서는 사업을 매각할 때 여러분이 받을 수 있는 가격을 극대화하는 도구이다. 사실상 그다지 중요하지 않은 정보까지 숨기지는 말자. 지나치게 비밀스러워지기에 십상이니 말이다. 우리 인터넷 회사는 판매 수익을 사업 유형별로 나눠서 밝히지 않았다.

나는 왜 유형별 수익에 민감하게 굴었는지 정말로 이해할 수 없으며 기회를 가늠하기 위해 유형별 수익이 정말로 알고 싶었다. 결국, 우리는 응찰하지 않았다.

기업실사

사업을 매각하려는 목적으로 사업계획서를 작성하면, 기업실사 대상이 될 가능성이 있다. 즉 사업계획서에 포함한 자료와 주장을 잠재적 구매자가 전부 확인할 수도 있으니 여러분은 처음부터 내용을 정확히 하는 데 훨씬 더 주의를 기울여야 한다. 기업실사에 대비하려면 사업계획서를 다 작성한 뒤 컴퓨터 화면상에서 분석해보는 것이 좋은데, 내용을 발췌해서 표로 정리하되 왼쪽에는 각 주장과 수치를 두고 오른쪽에는 지지 근거를 두어 살펴보자. 의견을 말할 때는 의견임을 분명히 밝히자. 무언가가 사실이라고 말했는데 지지할 증거를 대지 못한다면 그 말을 수정하거나 생략하는 것도 고려하자. 사업계획서를 전달하면서 모든 내용은 구매자가 직접 확인해야 한다고 통보할 테지만, 여전히 구매자는 여러분한테서 사업계획서가 전부 정확하다는 보장을 받으려 할 것이다. 과거 연간 회계장부가 정확하다거나 관련 세금을 냈다거나 사업이 불법적인 행위에 연루되지 않았다는 내용은 아마 제한적으로나마 보증해야 할 것이다.

팔려는 걸 소유하고 있나?

사람들은 귀중한 사업 재산 목록을 작성할 때 장비나 부지를 떠올리지만, 지적 재산과 영업권은 어떤가?

여러분은 상표명을 비롯하여 아마도 독특한 공정, 이미지, 서면 자료를 보유했을 것이다. 이것들을 혼자서 소유했나? 특허나 저작권, 상표권의 보호를 받나? 보호장치가 있다면 그 범위는 전 세계인가 지역뿐인가?

다른 사람의 지적 재산을 사업에 사용하고 있다면, 다른 사람이 사업 통제권을 넘겨받은 다음에도 그 지적 재산을 자동으로 계속해서 사업에 사용할 수 있나?

영업권은 상표명과 밀접하게 관련이 있으며 고객이 상표명과 이미지, 명성을 인지하고 거기에 영향을 받으면서 생기는 가치를 나타낸다. 추문이 생기면 모든 것을 쉽게 잃기도 한다. 여러분 사업에 문제가 숨어서 도사리고 있는가? 사업을 이전하려면 법적 계약에 동의해야 한다.

요약정리

- 읽는 사람에 대해 생각해서 그 사람이 알려고 하는 내용을 포함하되 여러분이 알려주고 싶지 않은 내용은 확실한 약속을 받기 전까지 숨기자.
- 과장하지 말자. 그렇게 대단하다면 왜 매각하려고 하는가?
- 여러분이 내세운 주장을 입증해야 할 수도 있다. 할 수 있겠는가?

13
사업계획서로 실적 올리기

사업계획서는 필수적인 경영 도구로서 기업에서부터 자선단체와 공공기관에 이르는 온갖 조직을 운영하는 데 도움이 된다. 설립 중인 조직뿐 아니라 이미 설립된 조직이어도 말이다. 서면 계획은 사업가에게 중요한 만큼이나 다국적 기업 내 부서나 국민의료보험에도 중요하다. 이 장에서는 내부용 사업계획서가 어떤 면에서 유용하고, 외부용으로 작성한 사업계획서와는 어떻게 같고 다르며, 어떤 구조를 하고 있는지 살펴볼 것이다.

계획은 예산안이 아니다

사업계획서를 어떻게 이용하면 조직을 운영하는 데 도움이 될까

조직 운영에 사업계획서를 이용하는 핵심 방법은 여섯 가지다.

- 전략 방향 수립
- 성과 관리
- 성과 측정
- 협력 및 통제
- 소통
- 권한 분산

전략 방향 수립

사업계획서를 쓰는 이유 중 전략 방향 수립이 차지하는 비중은 미미하다. 전략적으로 생각할 때는 자유로운 사고가 핵심이지만, 내가 보기에 계획을 수립할 때는 절제가 핵심이므로 생각이 자유롭게 돌아다니길 멈출 수밖에 없으며, 따라서 완전히 새로운 방향을 조사하기에는 적합하지 않다.

흔히 오해하는 점은 공식적으로 사업 계획을 수립하면서 토론과 분석을 거치며 경영자와 사업기획자들이 전략을 얻는다는 것이다. 현실에서는 이런 경우가 드문데, 전략은 계획을 세운 결과물이 아니라 반대기 때문이다. 시작점이다. 헨리 민츠버

그(Henry Mintzberg)는 『전략적 계획의 흥망성쇠(The Rise and Fall of Strategic Planning)』에서 이렇게 말했다.

"계획을 수립하면 의도한 전략을 현실로 옮기는 데 도움이 되는데, 효율적인 시행을 향해 첫발을 내딛기 때문이다."

> 이 회사는 계획을 세움으로써 의도적인 전략을 도출한 것이 아니다. 전략은 이미 기업가 머릿속에 미래상이라는 형태로 존재했다. 기업은 처음부터 이 미래상에 따라 금융시장에 간 것이다. 오히려 계획을 세우면서는 회사가 이미 가지고 있던 계획을 분명히 표현하고 정당화하고 정교하게 다듬었다.
>
> (헨리 민츠버그, 전략적 계획의 흥망성쇠, 1993)

하지만 목표와 자원, 시장, 장단점, 선택권 등에 관해 철저하게 점검하면서 전략 방향을 새롭게 잡는 사람과 팀도 일부 있을 것이다. 그리고 실행 불가능해 보이는 이전 의도를 폐기할 수도 있다. 이런 전략적 발상은 공식적인 사업 계획 과정 밖에서도 다룰 수 있다.

성과 관리

사업계획서는 성과 관리 프로그램의 시작점이다. 사업계획서는 모두가 같은 방향을 지향하도록 보장하고 해당 기간에 시행할 개별 목표와 업무 계획을 세우도록 돕는다. 사업계획서는 다음과 같이 사용할 수 있다.

- 부서 및 개인별 성과 목표를 설정한다.
- 양립 불가능한 목표나 전략을 찾아낸다. 예를 들어, 고객 서비스 교육과 조직 개발을 동시에 수행하기에는 자금이 충분치 않을 수도 있다.
- 우선순위를 매긴다.
- 성공에 필요한 지식과 기술, 능력을 갖추도록 직원들을 교육하고 개발할 필요성을 인지한다.
- 사업 목표를 달성할 수 있도록 훈련과 개발에 집중한다.

성과 측정

지극히 중요하게도 사업계획서는 분명하고 측정 가능한 목표를 담고 있어야 한다. 목표를 설정하는 데 사용한다고 알려진 기법으로는 다음과 같은 SMART 기준이 있다.

- 구체적인(Specific)

- 측정 가능한(Measurable)
- 합의한(Agreed)
- 현실적인(Realistic)
- 시기적절한(Timed)

어느 조직 최고 경영자는 시장 선두주자가 되겠다는 거창한 의도를 발표했을 때, 사실상 팀 내에서 웃음거리가 됐다. 팀원들은 그 말이 허풍에 지나지 않는다는 것을 알았다. 그 회사는 시장 선두와는 거리가 아주 멀었기 때문이다. SMART 기준을 적용하면 이 경영자의 미래상은 다음과 같았어야 한다.

향후 3년에 걸쳐서 우리 회사 시장 점유율을 20%에서 30%로 끌어올린다.

SMART 기준을 사용할 때 중요한 단계는 목표의 성취 방법을 아는 것이다. 그렇지 않고는 목표에 합의할 수 없으며 목표가 현실적인지도 알 수가 없다. 그 '방법'으로는 다음과 같은 예를 들 수 있다.

12개월 안에 배송 시간을 평균 7일 이내로 단축함으로써 고객 만족 수준을 올리려 하는데, 이를 달성하기 위해 유통창고를 건설하고, 새 일정 관리 소프트웨어를 도입하고, 일정 관리 부서를 재교육한다.

협력 및 통제

사업계획서를 이용하면 사업 실적과 개발 성과가 세워둔 목표와 중요한 단계에 얼마나 다가갔는지 측정할 수 있다. 이런 비교를 통해 목표와 기간을 개선하고 재정립할 수 있다.

사업 전반을 아우르는 목표를 설정하면 부서별 목표는 물론 전체 계획을 시행하는 데 도움이 될 기업활동을 설정할 수 있다.

미국에 본사를 둔 거대 다국적 기업의 영국 법인을 관리하는 고위 경영진은 5년짜리 계획에 동의했다. 이 기업이 세운 핵심 목표는 사업 전체를 아울러 연간 20% 성장하는 것이었다. 그중 한 지역은 시장이 성숙해서 잠재적 성장률이 10%가 넘지 않았기 때문에, 이 계획은 다른 지역에서 어떻게 행동

해야 전체 목표를 달성할 수 있을지에 주의를 집중했다.

소통

여러모로 볼 때 내부용 사업계획서가 수행하는 가장 중요한 역할은 소통이다.

- 최고 경영진은 내부용 사업계획서를 중심으로 모여서 논의하고 결정을 내리며, 아이디어를 나누고, 서로 맡은 역할을 명확히 하고, 물밑에 있는 갈등을 끌어올려 처리한다.
- 어떤 조직이든 최고 경영자 바로 아래 직급과 어쩌면 그 아래 직급까지도 계획을 세우는 데 참여하는 것이 좋다. 그러면 주인 의식이 생기고 더 수준 높은 계획을 세울 뿐 아니라 소통과 조직 개발 기회도 생긴다.
- 계획을 세우면서 가장 흔히 겪는 실패 중 하나는 최고 경영자가 혼자 계획을 세우면서, 고객과 고객 심리에 대해 예전만큼 모른다는 사실도 깨닫지 못할 때 발생한다는 점에 주목하자. 고객과 직접 마주하는 사람을 투입하여 참여시켜야 하며, 초기 단계에서부터 그렇게 해야 할 것이다.

- 최종 사업계획서를 조직 내에 배포하면 많은 이득이 따른다. 경영진과 직원 모두에게 사업과 시장, 조직 전체 맥락을 정리하여 설명할 수 있다. 임직원은 사업이 어느 방향을 향하는지 이해할 수 있다.
  - 그러면 사업에 자부심을 느끼고 사업 성공에 공헌한다는 점을 자랑스레 생각할 것이다.
  - 사업이 어디로 가고 있으며 해당 전략에서 어느 지점에 도달했는지 이해함으로써, 사업을 목표를 향해 이끌고 갈 일상적인 결정을 더 잘 내릴 수 있다.
  - 포용성과 신뢰를 높이고 사기를 북돋운다.
  - 종종 조직 내 모든 직급에서 유용한 아이디어를 생산하는 결과를 낳는다.

  종합적으로 볼 때, 이 모든 효과는 결국 조직의 효율성과 수익성에 극적이고 긍정적인 변화를 줄 것이다.

모든 효율적인 소통은 행동 변화로 이어진다는 점을 기억하자. 효과가 없으면 소통하는 이유도 없다. 사업계획서에 분명하고 측정 가능한 목표를 담으면 조직 안에서 소통할 주제가 생긴다. 여러분은 목표를 먼저 알린 다음 목표 대비 얼마나 진전을 이뤘는지 계속 전달해야 하자. 전진하다 보면 성공을 축하할 수 있으며 개선이 필요한 분야에 어디서 어떻게 노력을 집중할지 소통할 수 있다.

충성심 없는 직원이 경쟁자에게 유출할지도 모른다고 해서 전략을 서면으로 적어 유포하길 꺼리지는 말자. 이는 거의 현실적이지 못한 두려움이다. 민감한 정보는 생략할 수도 있지만, 해야 할 일도 말해주지 않으면서 어떻게 직원을 관리할 수 있을까? 보통 사업계획서는 완전한 형태로 배포하지 않는데, 특히 내용이 너무 많기 때문이다. 오히려 사업계획서는 직원이나 부서별로 목표를 심어주는 데 이용하며, 개요를 작성해서 무슨 일이 진행 중이고 직원이 무슨 일을 해야 하는지 설명한다.

권한 분산

사업계획서는 일단 배포하고 나면 강력한 동기 요인이 되는 것으로 증명됐다. 직원은 소속감과 자신감을 더 느끼며, 따라서 개인적으로 책임을 다하고 회사 차원이 아니라 개인 차원에서 위험을 감수하려 하는 성향이 더 커진다. 무엇보다도 계획을 실현하는 데 공헌하려면 무엇을 해야 하는지 이해한다. 아마 사업계획서 맥락 안에서 아이디어를 제안할 수도 있을 것이다.

계획은 예산안이 아니다

예산 수립 주기에 연계해서 사업 계획을 수립하지 말자. 아니나 다를까 예산안을 먼저 짜고 나면, 사업계획서는 새로운 아이디어를 담기는커녕 그저 수학 연습문제로 전락할 것이다. 예산안에서 가져온 숫자를 이삼 년으로 늘려서 사업계획서를 작성할 것이기 때문이다. 매년 매출을 5%씩 늘리고, 인건비를 4%씩 감축하고, 에너지를 2%씩 절감하는 등 말이다. 마지막에는 예산 설명을 덧붙일 것이다. 그러면 앞서 간략하게 이야기했던, 계획을 수립하는 과정에서 얻는 모든 이득을 놓치게 된다. 새로운 아이디어도 없고, 미래상도 없으며, 최종 문서는 소통에 적합하지도 않다.

여러분은 이렇게 물을 것이다 '그러면 우리 조직이 3년 뒤에 어디에 있을지는 어떻게 알 수 있나?'

- 예산과 사업 계획을 분리하자. 사업 계획을 먼저 세워야 한다. 내년 예산은 사업 계획상 첫 번째 해를 상당히 자세하게 평가한 것처럼 보여야 하기 때문이다.
- 그러므로 전략에서 출발하여, 사업 계획 수립과정을 거치면서 이 전략을 실현할 방법을 점검 및 개발하고, 개인과 부서가 지

향할 목표를 설정해야 한다.

- 그다음에는 예상되는 재정 효과를 이용해 사업 계획을 평가함으로써 재무 상태을 예측하자. 아마 약식으로 해도 될 것이다. 예산안만큼 자세할 필요는 없다.
- 사업 계획을 먼저 세우므로 예산안을 작성할 때가 오면 숫자가 변할 수 있으며 계획서상 수치를 재추정해야 할 수도 있다. 이런 일을 문제라고 여기지 말자. 사업 계획은 목표를 설정하고 행동을 구체화하는 일 등에 관한 것이며, 예산안에서 근본적으로 다른 결과가 나온 나머지 방향을 전반적으로 재고해야 하는 경우는 좀처럼 없을 것이다. 당해 동안 필요할 때마다 가끔 계획서상 수치를 갱신하는 일 정도는 당연히 용인해야 한다.

이런 내용을 이야기하는 데는 짧은 단락 몇 개로 충분했지만, 계획 수립과정에 대한 조언으로 이보다 더 중요한 것은 거의 없다. 여러분이나 여러분 동료는 둘러앉아서 미래를 논의하는 과정을 두 번 한다는 것이 주요 직무에 사용할 경영 시간을 지나치게 허비하는 것처럼 보일지도 모른다. 예산 수립과 사업 계획을 결합하면 시간을 아끼는 듯 보이지만, 그 결과가 사실상 시간 낭비이므로, 아무것도 아끼지 못한다.

계획을 수립하면서 얻는 이득은 무척 대단해서 경영과 관련하여 핵심을 차지할 정도니 여기에 쓰는 시간을 못마땅해하지 말자. 계획 수립과정에는 사람들에게 목표달성에 필요한 활동을 찾아내라고 요청하는 일이 수반되는데, 어쨌거나 이런 일은 여러분이 경영자나 관리자한테 기대하는 것이지 않은가?

계획 수립과정은 시간을 많이 쏟을 필요도 관료주의적일 필요도 없다. 한 가지 제안하자면, 계획을 조정해줄 사람을 한 명 구하자. 주요 인사끼리 한두 차례 회의를 거쳐서 포괄적인 아이디어 중 쓸만한 것을 건진 다음 조정자에게 사업계획서 초안을 작성해달라고 부탁하자. 따로 모일 필요는 없이 이 주요 인사들에게 초안에 관한 첫 번째 의견을 구한 다음 의견 충돌이 있으면 마지막 회의에서 조율하자. 이 제안은 여러분 환경에는 부적절할 수도 있지만, 요점은 부족한 시간을 과도하게 쏟아붓지 않도록 체계를 잡을 수 있다는 것이다. 여러분에게 알맞은 대답은 여러분 조직에 따라 다를 것이다. 하지만 절대로 '계획 수립'을 비난하진 말자. 절차가 과도하게 불필요하다면 여러분 탓이다.

비전통적인 사업계획서

전통적인 사업계획서에서는 이 장 첫머리에 나열한 목적을 하나하나 달성하려 하지만, 조직들이 언제나 사업계획서를 그런 목적대로 사용하는 것은 아니다. 예를 들어 많은 조직이 사업계획서를 조직 내에 배포하지 않으며, 따라서 소통 방법으로 사용할 가능성을 충족시키지 않는다.

전통적인 사업계획서는 의도한 전략을 엄격하게 분석하고 체계적으로 계획하여 문서화 하는 수단을 제공함으로써 전략을 상세한 사업계획서와 예산안으로 옮길 수 있게 해준다. 이런 계획 유형은 보통 재무모형에도 크게 의존하므로 의도한 계획과 다양한 가정이 초래하는 비용을 계산할 수 있으며 재무 예측과 현금흐름도 분석하여 계획할 수 있다.

이런 전통적인 형식에는 몇 가지 단점이 있다.

- 성향이 매우 분석적이다. 회계 언어로 작성하며 숫자를 엄청나게 많이 집어넣으므로 회계사가 아니라면 이해하거나 공감하기 어려울 수도 있다.
- 주로 정량적 자료에 의존한다. 사업과 관련하여 '정성적'이고 주관적이고 정의하기 어려운, 어쩌면 사업이 성공하는 데 가장 중요할지도 모르는 정보를 생략한다.
- 대개 경직적이다. '현실 세계'에서 사건이 발생하면 불과 몇 주

전에 작성한 사업계획서라도 정보에 뒤떨어지고 쓸모없어질 수도 있다.

- 마지막으로 당연히 매우 두껍고 자세한 문서이기 때문에 보통 책장에 넣어두고 다시는 참고하지 않는다.

전통적이고 온갖 첨단 기법을 동원한 형식이 완전히 무가치하고 안 중요한 과정이라는 말은 아니다. 분명 그렇지 않을 수도 있다. 하지만 자금을 더 조달하기 위해 금융 기관에 접근 할 때가 아니라면 전통적인 사업계획서는 헨리 민츠버그가 『전략적 계획의 흥망성쇠』에서 '기계 조직'이라고 묘사했던, 고전적인 관료 조직에만 적절할 것이다.

사업계획서가 진정으로 유용하려면 다음에 집중해야 한다.

- 개인과 부서별 목표를 설정한다.
- 개인과 부서별로 취할 행동을 구체화한다.
- 미래상을 제시함으로써 동기를 부여하고 의사 결정을 이끈다.

전략적인 미래상과 행동

기업 미래상: 정성적 자료와 정량적 자료

일부 회사는 조직강령을 서면으로 작성하고 기업가치를 성명으로 낸다. 이런 것들은 잘 하면 기업이 어디로 가길 열망하는지, 무엇을 하려고 하는지, 어떻게 목적을 달성할지, 왜 특별한지에 관한 미래상을 요약할 수 있다. 하지만 잘못하면 무의미한 헛소리가 된다.

진정으로 중요한 것은 서면 강령이 아니라 회사의 미래상이다. 기업가는 머릿속으로 미래상을 자주 떠올릴 것이다. 미래상에서 영감을 얻을 것이다. 미래상은 사업의 어떤 면이 특별한지 요약하며 결단과 행동을 이끌 것이다. 모든 종류 조직에서 경영진과 직원들은 미래상을 이해하고 공유할 뿐 아니라 미래상에 몰두함으로써 엄청나게 강력한 동기를 부여받을 수 있다.

고객은 자세한 조직강령은 읽은 적음에도, 미래상을 바탕으로 제공하는 제품이나 서비스가 다른 경쟁사에서 제공하는 것과는 다르다고 종종 느낄 것이다. 기업 미래상을 구성하는 정보는 분석적이거나, 숫자로 나타내거나, '정량적인 자료'가 아니다. 도표와 통계, 숫자로 표시한 시장 조사 등과 같은 정성적 자료는 유용하며, 적절한 곳에 모아서 집어넣어야 하지만, 해석할 때 오류를 범할 여지는 정성적 자료만큼이나 크다. 미래상은 주로 정성적 자료를 토대로 구성한다. 정성적 자료는 사업체에서 일하는 사람들의 관점과 의견, 인식뿐 아니라 고객과 공급사의 인식도 포함한다. 어떤 주장에 따르면 정성적 자료는 정량적 자료보다 더 의지할 만하므로 사업계획서에도 정성적 자료를 그만큼 많이 집어넣어야 한다. 분명 분석이 필요한 곳도 있지만, 다양한 연구에 따르면 가장 좋은 경영 판단은 분석적이기보다 직관적으로 만들어진다.

미래상과 임무, 가치를 분명하게 선언하는 일은 직원과 소통하는 훌륭한 방법이다. 예컨대 훌륭한 고객 서비스가 핵심적인 조직 신념이라는 점을 이해한 직원은 더 나은 결정을 내릴 수 있을 것이다. 조직이 가려고 준비한 길과 양립할 수 있는 방식으로 행동할 것이며 조직 목표를 더 크게 성취할 것이다.

고객 서비스 헌장을 이용하는 일과 관련해서도 같은 발상을 적용한다. 이 헌장은 직원뿐 아니라 고객에게도 알려야 한다. 직원은 무엇을 어떻게 실행해야 하는지 이해하고 거기에 전념해야 한다. 하루에도 10번씩 스치지만 무시해버리는 지루한 공식처럼 헌장을 바라볼 게 아니라 열의를 쏟아야 한다.

마허(Maher) 서점 고객 서비스 헌장

저희의 목표는 더 나은 선택과 가치, 친절하게 도움을 제공하는 직원을 통해 고객에게 훌륭한 서비스를 제공하는 것입니다. 저희는 지역 내 다른 서점보다 도서를 더 다양하게 취급할 것입니다. 재고가 없는 책도 평균 48시간 안에 배달할 것입니다. 가격도 지역 내 다른 서점에 비해 대부분 더 낮을 것이며, 그렇지 않을 때는 차액을 돌려드릴 것입니다. 어떤 이유에서든 구매가 불만족스러웠다면 교환이나 환불을 해드릴 것입니다.

마허 서점은 독립된 사업체로서 고객과 고객의 생각에 귀를 기울입니다. 건의 사항이 있다면 관리자에게 이야기하거나 제게 메일을 보내 주시길 바랍니다.

위에 나온 고객 헌장은 고객을 향해 일련의 약속을 할 뿐 아니라, 직원과 협력사를 향해 자기네 팀이 무엇을 실천하려고 노력하는지 매우 분명하게 선언한다. 각 약속은 매우 구체적이다. 약속을 지켰는지 분명하게 알 수 있다. 가치 있는 선언문이 갖춰야 할 기본적인 기준 두 가지를 충족한 것이다. 목적이 한정적인데, 이 역시 고객 헌장, 조직강령과 같은 선언문을 가치 있게 만들어 주는 특징이다. 짧은 시간에 모든 것을 이룰 수는 없는 법이니 말이다. 그리고 회사 매장에 전시함으로써 주로 고객이 볼 수 있도록 한다. 간단한 서비스관 외에는 전반적인 사업 미래상에 관해 거의 이야기하지 않으며, 직원과 대표가 어떤 협상을 했는지, 직원이 이 이상적으로 훌륭한 서비스를 이행하기 위해 어떻게 권한을 얻을 것인지도 전혀 언급하지 않는다.

어떤 유형의 아이디어가 유용한 조직강령이나 회사의 미래상을 구성할까? 컴퓨터를 사용하기 쉽게 만든다는 애플 컴퓨터(Apple Computer)의 미래상은 회사에서 내리는 모든 결정에 명백하게 영향을 미쳤을 뿐 아니라, 전 세계 다른 컴퓨터 제조업체 역시 그 영향을 받아서 비록 오래 걸리긴 했어도 비슷한 수준으로 단순성과 '이용 편의성'을 갖췄다.

맥도날드 햄버거 체인은 고품질을 균일하게 유지하고, 환경을 밝고 쾌활하며 깨끗하게 하고, 저렴하지만 질 좋은 음식과 빠른 서비스를 제공한다는 목표에 항상 부응하지는 않는다. 그러나 전체 사업은 분명 이런 아이디어에 영향을 받아서 그 방향을 결정한다.

하지만 성명서가 갖춰야 하는 특징 중 다음 세 가지보다 더 효율적인 것은 규정하기 매우 어렵다.

- 명확하고 단순하다.
- 목표가 한정적이다.
- 일반적이기보다 구체적이다.

계획은 활동과 행동 변화에 관한 것임을 기억하면서, 그 과정이 어떤 순서로 되어있고 각 단계는 서로 어떻게 연관되는지에 주목하자.

1. 계획은 미래상에서 출발한다. 미래상은 팀원이 참여하여 만들어 낼 수도 있다.
2. 미래상을 유포하여 모두가 거기에 공헌할 수 있게 한다.
3. 미래상을 목표와 목표달성을 위한 행동으로 바꾼다.
4. 그러면 미래상은 실적을 평가하고 통제하고 조정하며 계획을 끊임없이 검토하기 위한 '지침'이 된다.

전략 수립

전략을 어떻게 수립하기 시작할지에 대해 글을 쓰기란 매우 어려운데, 기계적인 공정이 아니기 때문이다. 전략 수립에 관해 다루는 듯한 경영서가 많이 있고 새로운 접근법이 유행했다가 사라지길 계속 반복하지만, 아이디어를 얻는 방법을 정말로 알려주는 책은 없다. 그 오랫동안 그 많은 책이 등장했어도 둘러앉아서 이야기를 나누는 방법은 거의 개선되지 않은 듯하다.

어떤 개인이나 조직에 효과적인 방법도 다른 곳이나 다른 시기에는 그렇지 않을 수도 있다. 아이디어를 얻는 경로로는 다음과 같은 예를 들 수 있다.

- 주말 동안 최고 경영진을 호텔로 데리고 가서 토론과 아이디어를 자극한다.
- 노련한 진행자에게 도움을 받아서 녹슨 사고에 기름을 친다.
- 일상적인 업무 구역에서 내부 회의를 짤막하게 여러 번 거치면서 아이디어를 촉진한다.
- 부서 회의를 통해 부하 직원을 더 많이 참여시킴으로써 예기치 않게 수준 높은 기술과 재능을 발굴한다.

이런 발상은 전부 조직 내 사람을 모아서 새로운 아이디어를 떠올리게 하려는 것인데, 개인별 사고를 자극하는 것은 어떨까? 작은 조직이라면 전략과 계획을 세울 사람이 한 명뿐일 수도 있다. 이런 사람에게는 다음과 같은 것이 자극제가 될 수 있다.

- 강의 듣기 (예: 경영 대학원의 단기 과정 수강)
- 상의할 사람 찾기 (자문 위원과 친구, 우연히 알게 된 사람이 사고를 촉진할 수 있다)
- 경영서 읽기 (여러분이 동의하지 않는 책이라도 사고를 촉진할 수 있다)

그러면 어떻게 아이디어를 전달할까? 내가 앞서 말했듯, 지나치게 구조적으로 계획을 세우면 아이디어를 자극하기보다는 차단한다. 하지만 스스로 질문하면 아이디어를 떠올리고 생각하는 데 도움이 될 것이다.

1. 어떤 사업을 하는가? 영국 공항공단(British Airports Authority)을 예로 들자. 운송업인가 소매업인가 둘 다인가? 어쩌면 부동산 개발회사일까? 이런 문제들을 가만히 생각하다

보면 다른 문제로 이어지고 결국 가능한 전략이 차례로 떠오른다.

2. 어떤 기술과 장점을 보유했는가? 이것들을 이용해서 새로운 방향으로 갈 수 있는가?
3. 여러분이 속했거나 관련한 시장이 어떤 추세를 보이는가? 누군가에게는 기회가 될 수도 있는 점진적이거나 급진적인 변화를 예측할 수 있는가? 해외에서는 무슨 일이 벌어지나? 경쟁사는 어떤 획기적인 일을 하는가?
4. 합리적으로 예측하는 위협에는 무엇이 있나? 고객, 규제, 기술, 원가구조, 경제 등이 변화할 것인가?
5. 고객에 관해 생각하자. 현재나 미래에 무엇을 불만족스러워할까?

이렇게 일반적인 질문을 고민하고 논의함으로써 아이디어를 자극하고 나면, 그 아이디어를 더 전통적인 계획 수립과정에 녹일 수 있다. 아이디어를 떠올리는 단계에서는 제안이나 그 제안을 한 사람을 비판하지 말자. 아무리 어처구니없어 보여도 말이다. 그러면 사람들이 아이디어를 내길 꺼릴 수도 있다. 규칙을 만들어서 오직 긍정적이고 격려하는 반응만 하자. 아이디어는 나중에 질문 과정을 거치면서 폐기할 수도 있다. 나중에 아이디어를 추린 다음 그 아이디어를 어떻게 추구할지에 대해 계획을 세우면서 실행 가능성을 점검하자. 그 결과 많은 아이디어를 버리겠지만 새로운 전략이 떠오를 것이다. 어리석은 아이디어를 제시했다며 위축되는 사람은 절대로 없게 만들자. 다음에 보석 같은 아이디어를 낼 수도 있으니 말이다.

전략을 구상할 팀을 꾸릴 때는 현재 최전선에서 고객과 공급사, 운영을 담당한 경험이 있는 사람을 항상 포함해야 한다. 금융가나 부서 책임자처럼 예전에 어떤 경력을 쌓았는지 모르나 지금은 일선에서 물러나 실무와 거리가 먼 사람들이 전략을 세우는 일이 허다하다. 예전에 어떤 시도를 했고 어떤 장애물이 도사리고 있을지 알아내려면 더 많은 경험과 권한도 필요하지만, 현재 실무 경험이 있어야 중요한 통찰을 얻을 수 있다. 또 예전에 시도했다 실패했던 일이라고 해서 지금도 실패하는 것은 아니라는 점을 알아두자.

행동 지향적 계획 수립

사업을 경영하는 데 사용하기 위해 작성한 사업계획서는 행동으로 이어져야 한다. 계획이 있어도 실천하지 하지 않으면 소용이 없으며, 계획을 세우느라 시간만 낭비했을 뿐이다. 따라서 개략적인 전략과 목표만 덩그러니 계획해선 안 된다. 사업계획서를 그저 선반에서 먼지만 쌓이게 두지 않으려면 어떻게 해야 할까? 아래에 계획을 유용하게 만드는 네 가지 규칙이 있다.

- 목표와 전략을 수립한다.
- 계획을 수행할 사람을 참여시켜서 그 사람이 계획에 헌신하도록 만든다('직원 참여-팀 조직하기' 참고).
- 활동을 명백하게 명시하고 책임을 정의한다.
- 진척상황을 점검하고, 계획을 수정하거나 목표를 달성하지 못했을 때 대처할 준비를 한다.

이렇게 계획을 세우고 난 최종 결과는 문서로 작성해야 하는데, 이 문서에서는 사업이나 활동 목표를 설정하고 그 목표나 목적을 달성하려면 무엇을 해야 하는지 이야기해야 한다. 이상적으로는 누가 무엇을 언제까지 해야 할지도 언급하면 좋다. 계획을 세우는 과정은 두 단계 이상이 될 수도 있다. 개괄적인 목표와 전략을 수립한 다음에는 두 번째 단계로 들어가서 세부 사항을 정의하고 구체적인 행동을 명시해야 할 수도 있다. 조직 내

고위자급에서 개괄적인 목표를 정한다면, 그다음에는 보통 실무자급이 참여하는 것이 적절하다. 그러면 이 실무자들은 자기 분야에 해당하는 목표를 설정하는 데 참여함으로써 전체 계획을 실행할 것이다.

이렇게 행동 지향적으로 계획을 수립할 때 중요한 점은 행동이 구체적이고 측정 가능해야 한다는 것이다. 언제 행동을 마쳤는지 효과는 있었는지 이야기할 수 있어야 한다. 너무 모호해서 언제 끝냈는지도 말할 수 없는 행동을 규정하진 말자. 고객 관리를 개선한다는 목표는 좋지 않다. 목표는 다음과 같아야 한다. 매달 방문을 x회 하고 통화를 y회 함으로써 고객 관리를 개선하고, 그 결과 사업을 z% 확장한다. 조직 체계에 따라서 J라는 사람이 이 일을 담당할 것이며 총괄 관리자나 부서 관리자, 아니면 G라는 사람이 6개월 후 진척상황을 점검할 것이다.

이렇게 점검을 한 결과도 행동으로 이어져야 한다. 점검 결과가 흑백으로 나오는 때는 거의 없다. 모든 것이 목표를 달성해서 할 일이 더는 없는 상황이란 거의 생기지 않는다. 오히려 어떤 구체적인 행동을 실행하지 못하거나 성공하지 못했을 가능성이 훨씬 크다. 실제로 어떤 목표를 지나치게 초과 달성해서 거기에 대해 조치해야 할 수도 있다. 점검 결과는 다음과 같아야 한다.

- 행동하지 못한 이유를 찾는다.
- 시기적절하게 행동할 수 있도록 조치한다.
- 목표와 행동, 시기를 개정한다.
- 필요하다면 계획 자체를 수정한다.

그러나 때로는 원래부터 측정하기 어려운 목표도 있는 법이다. 사이온소프트웨어(Psion Software Plc)가 작성한 사업계획서에서 목표를 발췌하여 아래에 사례로 제시하니 이를 살펴보자. (IIP는 인적 자원 개발 인증제도(Investors in People)의 약자로 영국 정부가 후원하는 인재 표준이다.)

목표: 소통 및 훈련 개선

책임: ….

최신 개정: ….

이 목표로 무엇을 성취할 것인가?

- 회사 내 전 직원에 대한 훈련 및 개발 필요성을 주기적으로 점검하고 계획을 세울 것이다.
- 훈련 및 개발 노력을 평가하고 끊임없이 개선할 것이다.
- 내부 소통을 향상할 것이다. 이는 특히 외부에서 근무하거나 시대에 뒤떨어졌다고 불평하는 많은 직원에게 중요한 문제인데, 영국 밖에서 근무하는 직원들은 불만이 훨씬 크다.
- 우리가 어디로 가려는 지에 관해 같은 인식을 공유할 것이며 그곳에 도달하기 위해 전 직원이 저마다 공헌한 바를 알게 될 것이다.
- 회사는 IIP 인증을 받을 것인데, IIP란 최근 영국에서 위 사항을 시행하는지 판단하는 전문 기준이다. IIP 인증은 현재 및 미래의 직원과 고객에게 명확하고 긍정적인 무언가를 전달하며 측정 가능한 목표다.

이 목표를 어떻게 달성할 것인가?

- IPP 자문 위원을 임명했다. 이 자문 위원은 인사 관리 부서와 함께 일할 것이다.
- 자문 위원은 먼저 직원 중 대표를 선별해서 인터뷰할 것이다. 이를 통해 합의된 시행 계획을 도출한 다음 후속 점검을 추가로 시행해서 개선사항

을 점검할 것이다. 설문조사 결과 적절한 개선을 이뤘다면 IIP를 신청할 것이다.

- 메시지를 전달하기 위해 더 노력할 것이다. 팀 브리핑과 정보 하달 브리핑을 통해 메시지를 제대로 알렸는지 점검할 것인데, 예를 들면 관리자가 시찰을 더 자주 나가거나 의견 청취 시간을 늘릴 것이다. 대답을 빨리 제공함으로써 응대에도 더 신경 쓸 것인데, 아직 해결책이 없다는 말이라도 들려줄 것이다.

이 목표를 달성했는지 어떻게 알까?

- IIP 인증을 받을 것이다.

이 계획 부분에서는 측정 가능한 목표를 세운다. IPP 인증처럼 말이다. 하지만 소통 개선과 같은 목표도 설정한다. 소통을 개선했는지는 어떻게 알 수 있을까? 직원 태도 조사를 이용하면 된다. 이런 '정성적' 요인을 측정할 수 있는 다른 방법으로는 퇴직자 인터뷰, 그룹 토의, 외부 자문 위원 활용 등이 있다. 정의하기 어려운 목표라도 노력하면 측정할 수 있다.

어디서부터 시작할까?

사업계획서를 여행용 도로지도라고 생각하자. 여러분은 여기서 출발하여 저기로 가고자 한다. 거기로 가는 길에는 어려움이 많다. 지형과 기후는 여러분이 거래하는 시장 상황을 나타낸다. 산악 지형이나 구릉 지대 일 수도 있고 습지와 강이 있을 수도 있다. 경쟁은 여러분을 잡아먹으려고 하는 흉포한 괴물로 표현할 수 있다. 진짜 경쟁사와 마찬가지로 괴물은 계속 돌아다니고 모습을 바꾸며 상황을 복잡하게 만들 것이다. 상황 변화는 태풍과 지진, 홍수로 표현할 수 있다. 여행 중에는 여러분과 연합하고 여러분이 이런 문제에 대처하도록 도와줄 수 있는 친구도 만날 것이다. 그 친구는 여러분이 협곡을 건너도록 도와주거나 강을 건너도록 배를 제공해 줄지도 모른다.

여러분이 보유한 기술과 능력은 여러분이 어디서 출발하는지, 건강과 민첩성, 체력은 어떤지, 무엇을 가지고 여행을 다니는지로 나타낸다. 따라서 일부 괴물을 피하고 다른 괴물을 가지고 다니는 무기로 쳐부수거나, 가지고 다니는 밧줄을 이용해서 절벽을 타고 내려올 수도 있을 것이다.

이 비유를 계속하자면, 우리는 너무 바빠서 계획을 세우는 데 시간을 낭비할 수 없다고 주장하는 사람들한테 대답한다. 우리도 너무 바쁘다고. 우리는 모두 할 일이 너무 많다. 하지만 이런 사람들이 무거운 짐, 즉 업무를 들쳐메고 안간힘을 써서 늪을 건너려 한다고 상상해보자. 짐이 너무 무거워서 허리를 굽힌 채 발을 내려다보며 조금씩 진흙탕을 헤쳐나간다. 당연히 고개를 들려면, 잠시 멈춰서야 할 것이고 허리를 펴려고 애를 써야 할 것이다. 하지만 그렇게 함으로써 느릿느릿 다가오는 소 떼에 짓밟혀서 곤죽이 될 참이었음을 알아챌 수도 있다. 아니면 훨씬 쉽게 여행할 수 있는 길을 몇 걸음 떨어진 곳에서 발견할지도 모른다. 여행할 때 도로지도를 이용하듯, 여러분이 길을 찾는 데도 계획을 꼭 이용해야 한다.

사업계획서가 제시하는 여행과 평범하게 물리적인 여행 사이에는 차이점이 크게 세 가지 있다.

1. 시장, 경쟁사, 기술, 고객, 정부 규제 등은 자주 급격하게 바뀔 수도 있지만, 일반적인 여행은 대부분 상당히 변동 없는 지대를 다닌다.
2. 가게에서 구매하는 도로지도는 상당히 분명하지만, 사업계획서상 여정을 그린 노선도는 장소가 상당히 불분명하게 나와 있을 수도 있다. 유감스럽게도 아주 가까이 가기 전까지 장애물이나

적을 전부 알아볼 수는 없다.

3. 조건이 변하고 상황을 재평가함에 따라 다양한 사업계획서 사이에서 목적지가 변할 수도 있다.

여러분이 어디서 출발하는지와 어떤 기술을 보유했는지는 분명한 듯 보여도 대개는 생각만큼 분명하지 않다. 솔직히 말하면 이런 것들을 정말로 철저하게 파고드는 사업계획서는 거의 없다. 강점(Strengths)과 약점(Weaknesses), 기회(Opportunities), 위협(Threats)을 나열하는 SWOT 분석은 현재 많은 사업계획서에서 사용하는 척도다. 하지만 SWOT 분석을 하는 방식은 대개 완전한 시간 낭비에 지나지 않는다. 보통은 의례적으로 분석을 하면서 너무 뻔한 사실에 관한 이야기를 늘어놓는다. 강점에 관해 '시장 선두'라거나 주변에서 '가장 사업수완이 뛰어난 팀'이라고 적는 사람들은 진실하고 믿을 만할까? 글쎄, 그럴 때도 있겠지만 대부분은 착각에 빠졌거나 윗사람을 속이려 하는 것이다. 모호한 일반론을 사용해서 검증하기 어렵게 만든다는 것이 여기에 대한 명백한 표시다.

그런데 다음 사례는 1990년대 초반에 어느 소매업 체인이 이야기한 강점과 약점이다. 단점이 몇 가지 있긴 하지만 그리 나쁜

진 않다.

강점

- 시장에서 앞서가는 전문 브랜드
- 런던에 편향되기는 했지만, 전국적인 매장 보유
- 책 구매자 사이에서 높은 인지도와 평판 보유
- 가격과 판촉, 평가 측면에서 상대적으로 공격적인 위치 선점
- 주요 목표 인구집단 사이에서 강한 존재감 확보
- 매력적으로 잘 디자인한 매장
- 잠재적으로 효율적이고 도움이 되는 직원
- 초기 이메일 발송 고객 목록 및 전용 결제 카드시스템

약점

- 경영 정보 시스템 부재로 완전한 마케팅 업무 수행 불가능
- 매우 다양한 매장 배합으로 단일한 메시지 전달 불가능
- 지나치게 냉정할 수 있는 매장 분위기
- 직원 태도 개선과 효율적인 판매 메시지 전달을 위한 노력이 더 필요함
- 전반적으로 '혼잡하게 뒤섞인' 고객층

앞서 보여준 평가는 상당히 솔직하며 약점을 대부분 털어놓았다. 실패한 점이 있다면 생략하질 않았다는 것뿐이다. 사업계획서에서는 이런 사항 전부가 아니라 일부에 대해서 논의한다. 강점과 약점, 기회와 위협을 평가하는 목적은 그것들에 관해 무엇을 해야 할지 이야기를 시작하기 위해서다. 약점을 말하고 나서 어떻게 조처할지 말하는 것을 절대로 생략해선 안 되며, 하다못해 그 문제가 상대적으로 미약하고 마땅히 할 일이 없다는 말이라도 해야 한다. 어떻게 하면 더 효율적으로 활용할지 생각해보지 않고 강점을 이야기하지도 말자. SWOT 분석은 그저 학술활동이 아니다. 계획이 성공할 가능성을 평가하고 새로운 아이디어를 자극하기 위해 하는 일이다. SWOT 분석은 행동으로 이어져야 한다.

내부용 사업계획서를 쓸 때는 항상 여러분이 속한 시장에 대한 부분과 여러분의 강점 및 약점에 대한 부분부터 시작하자. 그런데 여러분이 어디에 있는지 정직하게 평가해서 쓰려면 어떻게 해야 할까? 가능한 한 정량화해서 이야기하자. 예를 들어 주요 경쟁사가 시장을 60% 점유한다고 썼다면, 여러분은 스스로가 시장 선두주자라고 주장할 수 없을 것이다. 여러분은 특정 틈새시장에서 선두가 될 것이라고 주장할 수도 있는데, 이 틈새를 정의하고 이 관점을 지지할 증거를 제공해야만 스스로 착각하지 않으면서 몇몇 전략 요소를 정의할 수 있을 것이다.

유용한 기법으로는 표를 만들어서 여러분 사업을 경쟁사 및 잠재 경쟁사와 비교하는 것이 있다. 다음은 그 예시다.

	자본력	상품 범위	상품 품질	서비스
자사	B	A	B	A-
경쟁사 A	A	C-	B	A
경쟁사 B	C	C-	B	B

어떤 측정 방법을 사용하는 것이 절절한지는 여러분이 가장 잘 알 것이다. 무엇이 정말로 중요한가? 중요한 것을 고르고 나머지는 무시하자. 예시처럼 표를 그렸다면 여러분이 현재 어디에 위치하는지 설명하기가 훨씬 쉬울 것이다.

또 다른 기법은 다른 사람이 여러분 사업을 어떻게 보는지에서 시작하는 것이다. 외부 자문 위원, 과제 중인 학생, 신입사원이나 인턴사원을 이용하자. 업계 신문을 검토하거나 고객을 대상으로 설문조사를 할 수도 있다. 어떤 조직은 자사 직원을 대상으로 여론조사를 벌여서 사기를 점검하고 직원들이 자사를 어떻게 평가하는지 알아낸다. 이런 방법이 성공하려면 외부 인사를 동원해서 직원에게 익명성을 보장해주어야 한다.

정직하지 않다면 여러분 계획은 무용지물일 것이다. 여러분은 달성할 수 없는 목표를 설정하고 노선도를 잘못된 곳에서부터 그릴지도 모른다. 얼마 가지 않아서 여러분이 약하고 힘없다고 주장했던 괴물이 다가와 여러분을 때려눕힐지도 모른다.

진짜 지도와의 주요 차이점 두 가지는 앞서 언급했다. 상황이 변하고 명확하지 않다는 것이다. 이런 문제에 대처하는 방법은 두 가지뿐이다. 계속해서 조사하고 유연성을 유지하는 것이다. 작은 조직이라면 조사 비용이 크게 느껴질 수도 있지만, 계속해서 업계 언론을 검토하고 뉴스가 미치는 영향을 고려하는 것처럼 단순한 방법으로도 충분할 수 있다. 경쟁사가 발행한 상품 목록을 구해서 고객이 필요하고 원하는 것에 대해 논의하는 일 역시 상대적으로 비용이 덜 들며, 어쩌면 비싸게 의뢰한 조사보다 더 나은 정보를 얻을 수도 있다. 작은 조직일수록 거대 경쟁사보다 유연하기 마련이므로 더 빠르게 반응할 수도 있을 것이다. 하지만 지나치게 자만하여 이것을 과신해서는 안 된다. 거대하고 유연한 조직도 있기 때문이다.

사람을 고려하여 계획하기

직원 참여-팀 조직하기

계획 목적이 경영 활동을 이끌고 어쩌면 자금까지 조달하는 것이라면 계획은 다음과 같아야 한다.

1. 계획을 실행하는 사람 모두가 주인 의식을 지녀야 한다. 사람들은 계획에 믿음이 안 가면 실천하지도 않을 것이다. 잘 해봐야 묵인할 뿐 열의를 보이지 않을 것이며, 최악에는 계획을 방해할 것이다. 사람들은 다음과 같은 계획을 믿지 않을 것이다.
   - 상부에서 부과한 계획
   - 수립과정에 의견을 낼 수 없던 계획
   - 목표나 목표를 달성하기 위해 제안한 조치나 그 밖에 사항에 동의할 수 없는 계획

   하지만 주인 의식이 있으면 계획을 본인 것으로 여기며 다음 결과를 낳는다.
2. 헌신하는데, 계획을 성공시키고 싶으므로 열정이 생기고 다음 결과를 낳기 때문이다.
   - 노력: 성취하기 어려운 일을 해낸다.

– 피드백: 경영진이 사업 운영 방식에 대한 귀중한 정보를 직원한테서 얻는다.

– 아이디어: 사람들이 계획을 달성하는 데 도움이 될 아이디어를 떠올린다.

– 고객 서비스: 헌신적인 직원이 더 나은 고객 서비스를 실현할 것이다.

– 소통: 직원이 자기 직무에 헌신함으로써 상사와 부하 직원, 고객, 공급사와의 소통을 개선한다.

직원을 통한 미래 만들기

대다수 사업계획서는 기술과 인력에 관한 문제도 다뤄야 한다. 우리 대부분은 직원이 기술을 제공하고 의욕적으로 노력해야만 성공을 보장받을 수 있으므로, 계획을 세울 때는 사업 목표를 달성하기 위해 어떤 기술이 필요한지 고려해야 한다. 그러기 위해서는 인적 자원 계획을 세워서 어떻게 적절한 직원을 채용하고 개발하고 붙잡아 둘지 정리해야 한다. 여기서 직원 개발은 잊으면 안 되는데, 몇 가지 중요한 측면이 있기 때문이다. 사람들이 입사해서 머무는 이유는 단지 임금 때문만이 아니라 훈련을 포함한 경험을 쌓아서 출세하길 바라기 때문이다. 직원 개발은 형태가 다양하며, 훈련 과정에 비용을 들이는 것이 적절한 선택일 수도 있지만, 꼭 그래야 하는 것은 아니다.

예를 들어 기술 개발에서 중요한 부분은 직원에게 관련 직무를 경험시켜주는 것이다. 감독 기술을 개발하려면 감독 경험을 쌓게 해주면 되며, 어쩌면 그 과정에서 회사 내 누군가가 가르침을 줄 수도 있을 것이다. 따라서, 교육 기술을 개발하면 곧바로 투자금을 회수할 수 있는데, 다른 직장 동료의 실력을 키워줌으로써 더 나은 관리자로 만들 것이기 때문이다. 조직 외부 교육이 필요할 때도 여러 가지 방법이 있는데, 공부를 할 수 있도록 유연 근무나 휴무를 허가해주고, 대학에 입학하거나 원격 교육을 이용할 수 있도록 학비를 지원해줄 수도 있다. 조직 규모에 따라 사내교육을 제공하는 것이 적절할 수도 있다.

실현 가능성

내부용 사업계획서를 작성하고 사용하는 요령

아래 요령은 내부용 사업계획서를 작성하는 데 특히 유용할 것이다.

1. 모든 계획을 세우기 전에는 그 최종 문서가 누구를 위한 것이고, 어떤 목적을 누가 왜 수행할 것인지에 관해 참여자들이 분명하게 동의해야 한다.
2. 사업계획서는 명확하고 읽기 쉬워야 한다. 문학 걸작일 필요는 없으며 세밀하고 흠결 없는 작품일 필요도 없다.
3. 계획을 수립할 때는 최고 간부가 헌신하고 지원하고 참여해야 하지만 조직 규모에 따라 일반적으로 그보다 두 단계 아래까지는 못하더라도 최소한 한 단계 아래 관리자 직급은 참여해야 한다. 계획 과정에 참여하는 직급은 조직마다, 그리고 관련 있는 개인에 따라서도 다를 것이다. 보통은 매일 고객과 직접 접촉하는 사람들도 맨 초반부터 기획팀에 참가하는 것이 좋다.
4. 계획은 완성한 시점부터 시대에 뒤떨어지기 마련이니 빨리 배포해야 한다. 계획은 시점을 포착해서 촬영한 사진과 같다. 그런데 조직과 개인은 빠르게 이동하고 변한다. 그러니 계획을 강박적으로 끊임없이 변경할 필요는 없으며, 무슨 일이 발생할 것 같다고 해서 계획을 유포하길 미루는 것은 더 좋지 않다. 계획은 시점을 순간 촬영한 사진처럼 대해야 하며, 따라서 새로운 일을 하고 더 많은 일을 하기 위한 시작점으로 여겨야 한다.

그런데 많은 사람은 사업계획서를 유용한 참고 문헌으로 여기며 계속 갱신하는 것이 도움이 된다고 생각한다. 물론 격려받아 마땅한 일이지만 개인 성향에 따라 다를 것이기 때문에 강요해서는 안 된다.

5. 주요 사업 목표는 사업계획서에서 꺼내서 단기 시행 계획으로 바꾼 다음 조직 내 위아래로 전달해야 한다.
6. 훈련 및 개발 계획은 이런 주요 사업 목표에서 도출해야 한다.
7. 선택사항과 '만약의 사태'도 고려해야 한다. 미래의 상황을 많이 다룰 수 있는 것은 아닌데, 아니면 계획을 세우는 데 너무 오래 걸릴 것이기 때문이다. 하지만 이런 접근 방식은 계획을 유연하게 유지해 주고 경직적인 계획이라면 무용지물이 되었을 만약의 상황이 벌어질 때도 유용하다.

   계획이 유연하려면 목표를 세우고 목표에 도달하기 위한 주요 전략을 개략적으로 설명하는 데 집중해야 한다. 자세할수록 그 세부 사항은 더 빨리 시대에 뒤처질 것이다. 반면 목표는 더 천천히 시대를 벗어난다.
8. 개인과 조직인 계획을 세우는 기술을 잘 익히지 못했다면, 자문가에게 도움을 받아서 계획을 세우는 것이 좋을 수 있다. 하지만 이런 외부 도움은 계획을 수월하게 수립하기 위해서만 사용해야 한다. 조직을 위한 사업계획서를 전적으로 작성해달라고 맡겨서

는 안 된다. 관리자는 계획에 주인 의식을 갖고 헌신해야 한다. 다른 사람이 작성한 계획은 그 사람의 것이며 특히 상황이 잘못될 때는 더욱 그렇다.

9. 주요 사업 목표와 훈련 및 개발 목표를 계획에서 도출한 다음 성과 관리나 성과 평가 프로그램에 사용해야 한다.

현실의 도입

맞다. 현실은 계획한 대로 되지 않는다. 글쎄, 그것이 현실이며, 상황은 좀처럼 계획과 흡사하게 벌어지지 않는다.

우리가 새 소매업을 시작했을 때, 우리는 직원을 훈련하고 고객 정보를 확보할 훌륭한 아이디어를 많이 갖고 있었다. 업계 경험도 있었고 그 아이디어들이 좋다는 사실도 알았다. 직원 서비스와 고객 만족을 급격하게 개선할만했기 때문이다. 하지만 우리는 신규 사업을 설립하는 데는 경험이 부족했고, 하루가 얼마나 짧은지도, 할 일이 얼마나 많은지도, 얼마나 피곤할지도 깨닫지 못했다. 이제 명백한 사실은 사업이 두 번째 발달 단계로 접어들어서, 우리가 더 많은 직원과 업무를 분담하고 싶어질 때까지 그 아이디어 상당수를 사용하지 못하리란 점이다.

우리는 가장 노련한 경영진에게도 적용할 수 있는 중요한 교훈을 두 가지 배웠다. 때로는 여러분도 상황을 잘못 파악할 수 있으며, 효율적인 사업계획서는 정지한 세계를 다루지 않는다는 것이다.

사업계획서를 쓰는 사람들은 목적이 비현실적인 것으로 드러나거나, 시장에 새롭고 예측하지 못한 제품이 등장하거나, 새로운 경쟁사가 나타나면 그에 맞춰 계획을 조정해야 한다는 점을 인정해야 한다. 계획을 유용하게 사용하려면 검토도 필요하다. 이런 검토는 전체 과정을 벗어날 정도로 너무 자주 해서는 안 되겠지만, 계획이 관련성을 유지하는 내에서는 충분히 자주 해야 한다. 적절한 시기는 상황에 따라 다를 것이다. 사업을 시작하거나, 시장이 급변하거나, 작은 회사보다 관련인이 많아서 비공식적인 토의와 계획 수정이 어려울 정도로 기업 규모가 클 때는 더 자주 하는 것이 좋다.

일부 회사를 비롯해 여타 조직은 연례 기획 회의를 시행하는데, 대개 예산 계획 과정의 일부로 취급한다. 이 둘을 혼동하는 발상은 매우 나쁘다. 예산 계획 과정은 단기를 다루며, 재무 목표를 설정하고 예측함으로써 조직을 통제하는 일에 관한 것이다. 근본적으로 숫자 중심적인 과정이다. 내부용 사업계획서는 목표를 점검하고 전략을 시행하는 일을 다룬다. 아이디어에 중

점을 둬야 하며, 숫자가 중요하긴 하지만 아이디어에서부터 출발하여 계획이 미치는 영향과 결과를 설명해야 한다.

계획 수립을 연례 일과처럼 수행하면 그 문서는 보통 한 해 동안 선반에 버려질 것이며, 다음 계획을 세울 때가 되어서야 이전 계획을 대충 한 번 훑어보고 말 것이다. 이는 본사가 경영진에게 강제로 시키는 기계적인 과정일 뿐이며, 다소 시간 낭비다. 계획을 실용적으로 사용하려면 당해 동안 검토해야 한다. 계획이 유용하려면 보통 월별 보고를 통해 계획 대비 진척상황을 이야기해야 한다. 계획은 여러분이 어디로 가려고 하는지, 그곳에 어떻게 도달할 것으로 예상하는지를 담은 미래상으로서 늘 마음속에 새겨야 한다. 계획은 기업을 경영하는 필수요소여야 한다.

계획을 검토하는 단계는 다음과 같아야 한다.

- 계획과 비교해서 상황이 어떻게 진척되나?
- 무엇이 잘못됐거나 잘됐나?
- 왜 잘못됐거나 잘됐나?
- 실패를 만회하고 성공을 강화하려면 무엇을 해야 하나?
- 미래관이 바뀌었는가?
- 목표와 전략은 아직 유효한가?

- 조직의 목표와 전략을 재설정하자.
- 개별 목표와 시기를 재설정하자.

초기 계획과 마찬가지로 계획을 시행해야 하는 사람들이 검토에 참여함으로써 목표와 요구되는 활동에 헌신하는 것이 꼭 필요하다.

상황이 변한다 하더라도 정말 필요한 때가 아니라면 최종 목표를 너무 자주 수정해선 안 된다. 소매업을 시작하고 얼마 지나지 않아 우리는 중요하지 않다고 무시하다시피 했던 경쟁사가 3년 동안 매년 50%씩 성장하더니, 주식을 상장하고, 향후 성장을 계속하기 위해 자금을 모으는 것을 발견했다. 경쟁사가 성장함으로써 우리가 기회를 빼앗기는지 재고해야 했다. 다행히도 우리가 판단한 바에 따르면, 경쟁사는 우리와 비슷한 전략을 따름으로써 우리의 성장 모델을 입증해주었고, 우리가 추구하는 현장이 생존할 수 있는 곳임을 보여줬는데, 그런 현장은 경쟁사와 우리 둘 모두가 이용할 수 있을 만큼 많았다.

따라서 나쁜 소식을 듣더라도 계획을 완전히 재고할 필요는 없을 수도 있다.

사내정치가 미치는 압박

어느 조직이든 성공을 방해하는 주요 요인 중 하나는 내부 경쟁과 갈등이다. 특히 자원이 한정적이어서 각 부서가 자기 몫을 두고 다툴 때 이런 문제가 발생한다. 따라서 이런 악성 경향에 관한 사례로 병원과 연구 기관, 대학을 자주 언급하는 것이 놀랍지 않을 수도 있다. 조직에 봉건적 문화가 팽배해서 부서별 '영주'가 권력과 지배력, 그리고 장기적으로는 출세를 두고 다투는 때도 이런 문제가 생긴다. 1980년대에는 많은 상업은행이 이런 문화적 갈등에 시달리면서, 진짜 사업과 동떨어진 곳에 에너지를 쏟았다. 이 문화적 문제야말로 특정 조직이 상대적으로 덜 성공하고 수익을 못 내는 이유일 수도 있다.

사내정치의 영향을 최소화하는 문제는 복잡하며 여기서는 자세히 다룰 수 없다. 이는 조직문화에 관한 사안인데, 조직문화를 바꾸는 일은 시간이 오래 걸리고 매우 어려울 수도 있다.

부서나 분과가 아니라 전체 조직의 목표를 가장 중요하게 여기는 조직문화가 자리 잡아야 한다. 모든 직원을 단결시키고 격려하는 '미래상'을 만들면 이런 혜택을 얻을 수 있다. 따라서 고위층부터 이런 미래상을 지원해야 한다. 그런데 이런 미래상은 문화를 바꾸는 데 꼭 필요하지만 충분하지는 않다. 강한 지도력이 뒷받침해주지 않으면 꼼짝도 할 수 없지만, 좋은 대표조차도 조직문화를 바꾸는 데 고전할 수 있다. 특히 조직이 크다면 말이다.

그러나 사업 계획을 수립하는 데는 조직문화가 어떻게 영향을 미치는지 고려해야 한다. 주요 문제는 다음과 같다.

- 쟁점 회피
- 계획 방해
- 대표가 원하는 것에 대한 약속

미국에 본사를 둔 대형 다국적 기업 A는 심각한 전략 문제에 부닥쳤다. 세계적인 기술 주도형 시장에서 이인자로 자리매김했지만, 선두보다 한참 뒤처져서 규모는 1/3 남짓했고 이윤도 훨씬 적었다. 또 다른, 더 전문적인 경쟁사도 있었는데, 불과 몇 년 전에 불쑥 나타나서 빠르게 성장하는 중이었다. 이제는 규모가 A의 2/3에 이르렀을 뿐 아니라 가장 수익성 좋은 세분시장을 장악했다. 반면 A는 부진했는데, 영업사원한테 과도하게 의지했고 기술은 빠르게 시대에 뒤처지고 있었다. 실상 문제를 일으킨 가장 큰 원인은 미국 모기업이 이 사업을 현금 발생기 취급하면서 수년간 투자를 덜 했기 때문이었다.

이렇게 심각한 문제에 부닥치자 영국 지사 대표인 조(Joe)는 전략 계획을 세우기로 했는데, IIP 표준 인증을 받겠다는 목표를 달성하는 데도 필요한 일이었다. 하지만 조는 개별 지역 분과와 본사 부서가 각자 계획을 세운 다음 통합해서 전체 계획을 만들자고 주장했다. 자문 위원을 고용해서 통합 작업을 했지만, 조는 자문 위원한테 이의나 질문을 받을 준비를 하지 않았고, 안내문만 제공했다.

그 결과 계획을 수립해본 적 없는 사람들은 일관성 없이 계획들을 만들어 냈고, 사업 전체나 자기 부서의 주요 문제에 대해서도 전혀 다루지 않았다.

계획 방해는 단순한 문제가 아니다. 개인 한 명 이상이 사익을 추구하는 방향으로 계획 과정을 이끌려고 하는 것이다. 그런데 이런 계획 방해는 다음을 통해 초래할 수 있다. 1) 계획 과정에서 결론을 도출하기 어렵게 만든다. 주요 인사가 회의에 불참하고, 특정 문제에 관해 추가 조사를 요구하고, 협력하길 거절하는 등 말이다. 2) 과정을 잘못된 방향으로 이끈다. 한 명 이상 개인이 조직에 해를 끼치면서까지 자기 이익을 추구함으로써 지위

향상을 노릴지도 모른다.

유일한 해결책은 강제력을 써서 방해하는 사람을 제거하고, 주요 인사에게 협력 의무를 부과하며, 필요하면 징계를 내리는 것이다.

대표가 원하는 대로 약속하는 일은 성공적인 계획을 가로막는 방해물 중 가장 파괴적이다. 지금까지 언급했던 다른 정치 문제는 강한 지도력을 발휘하여 극복할 수 있지만, 조직 대표가 허황한 착각에 빠진다면 희망이 없다.

X라는 공공기관은 재무 문제에 부딪혔는데, 기관 주주한테 압박을 받은 나머지 회사 외부에서 자문 위원을 영입하여 새 최고 경영자로 임명했다. 이 테드(Ted)라는 사람은 자기가 '마케팅' 전문가가 될 것이라고 믿었다. 테드는 자회사 중 한 곳 이사회에 매출을 1천만 파운드 높일 계획을 제시하라고 요구했다. 테드는 사업에 투자한 자본에 비해서 매출과 이윤이 지나치게 낮다고 설명했다.

나는 때로는 경영진 급진적으로 사고하고 전체 업무 처리방식을 검토하도록 종용해야 한다는 점에는 동의하지만, 이런 상황에서 이런 요구를 하면 그 결과는 매우 단순할 수밖에 없다. 마케팅 이사는 광고비를 크게 늘려서 매출을 높이려는 계획을 세웠다. 단순하게도 말이다. 다른 상황이었다면 최고

> 경영자는 계획에 관해 질문했을 것이고, 지출을 늘리면 실제로 매출이 증가한다는지 뒷받침해줄 증거를 요구했을 것이다. 하지만 테드는 무언가를 하고 있다는 것을 보여주고 결과를 내야 한다는 압박에 시달렸다. 테드가 능력 밖 상황에 부닥친 나머지 쓸만한 해법을 필사적으로 찾는 것은 아닌가 하는 의문도 들었다. 그렇게 지출을 승인하고 예산을 수정했지만, 매출은 증가하지 않았다. 나는 그 계획을 내놓은 마케팅 이사가 놀랐을 것 같지 않다.

사내정치가 주는 압박을 어떻게 처리해야 할까? 성공적인 조직은 팀으로 움직이면서 조직 전체를 위해 성공 목표를 달성하는 데 집중한다. 고질적인 갈등을 해소하려면 문제 조직 내 문화를 바꿔야 한다. 간단하고 단기적인 해법은 다음과 같다.

- 계획이 제대로 작동하려면 상부가 계획 과정과 결과에 헌신해야 한다. 결과에 이의를 제기하고 질문하는 풍토를 조성해야 유용한 최종 결과를 얻을 수 있다. 내 경험상 실패한 계획 수립과정 대부분은 전부 상부에서 결정을 내리고 그 결과에 관해 이의나 질문을 받지 않을 때 발생했다.
- 계획 수립과정은 주로 전략을 세우기 위한 것이 아니라 전략을 시행하기 위한 것이다.

나는 한 대형 공기업이 계획을 수립하는 과정에 참여했는데, 이 기업은 얼마 전 대단히 충격적인 일을 겪은 상태였다. 치열한 입찰 경쟁을 치른 다른 회사에 인수당한 참이었고, 그 결과 많은 사람이 직업이나 직급을 잃었으며 조직 내에는 상처받은 사람이 많았다.

계획 과정은 거의 전부가 잘못됐었다. 먼저 예산안의 연장에서 계획을 세웠다. 새 아이디어를 추구하거나 소통하기 위한 것이 아니었다. 그저 예산 예측을 3년분으로 확대하기 위해 엄청난 노력을 쏟았을 뿐이었다. 하지만 가장 이상했던 점은 부서 계획이 놀랄 만큼 형편없는 수준임에도 불구하고 거기에 관해 질문하거나 이의를 제기하지도 않았다는 것이다. 내가 초대받은 이유는 회장이 각 부서 관리자와 약식으로 이야기를 나눌 때 짧은 보고서로 사용할 만한 글을 간단하게 쓰기 위해서였지만, 회장이 설명하길 특히 최근에 일어난 기업 인수를 고려하면 관리자를 추궁하기에는 상황이 너무 민감하다고 했다. 나는 내 글을 사용했을지 알 수 없다.

아주 짧은 시일 내에 계획을 전혀 개선하거나 재고하지 않았고 회사는 재난을 맞았다. 계획 수립과정을 개선했다면 재난을 피했을까? 어쩌면 아닐 수도 있다. 하지만 곤란한 질문을 피하고 계획 수립을 정치 과정 일부로서 사용하는 태도는 불편한 생각을 피하고자 하는 더 깊은 불안감을 암시한다. 계획을 세우느라 오랜 시간을 들였지만, 이는 더 낫게 사용할 수도 있었을 시간을 낭비한 셈이었다.

요약정리

- 사업 계획을 수립하는 일은 예산을 짜는 일이 아니다. 계획은 아이디어와 전략, 방향에 관한 것이어야 하지만 예산은 숫자와 목표, 세부 사항에 관한 것이다.
- 좋은 사업계획서는 미래상과 가치, 통찰과 같은 '정성적 정보'를 포함해야 한다.
- 계획은 활동을 이끌어야 한다. 계획 결과 여러분과 다른 직원은 무엇을 할까?

추가사항이 두 가지 있다.

- 현실은 계획과는 다르게 나타날 것이므로 계획을 새 상황에 맞춰 조정하자.
- 내부 정치를 피하려면 조직 대표가 계획 과정을 이끌면서 정치 공작을 용인하지 않아야 한다.

14
경매에 사업계획서 활용하기

사업계획서는 다른 형태로도 자주 사용하는데, 예를 들면 계약, 기금, 부동산 같은 것에 응찰하거나 입찰할 때가 그렇다. 계획서를 수신하는 측은 정부 부처, 부동산 주인, 거대 조직의 매입 담당 부처 등일 것이다. 이런 계획서는 여타 계획서와 양식이 매우 비슷한데, 조직 배경과 조직이 무엇을 할 수 있는지, 계획서를 읽는 사람에게 어떻게 혜택을 가져다줄지를 여전히 이야기하기 때문이다. 하지만 중요한 차이점도 몇 가지 있다.

이런 계획서는 일반적으로 더 짧으며 특정 문제에 더 집중한다. 대개 '입찰 공고'에 맞춰서 작성하기 때문이다. 사업계획서를 읽는 사람은 여러분 조직의 배경도 알고자 할 수 있지만, 어떤 구체적인 질문에 관한 답을 더 원할 것이다. 여러분이 쓴 것과 같은 문서를 많이 읽어야 할 수도 있으므로 각 문서가 짧기를 바란다. 그러니 관련 없는 정보를 여러 장씩 쓰지 말자. 예를 들어, 사업계획서를 읽는 사람이 시장에 관해 전부 알 수도 있다. 그렇다면 전문성을 보여줄 만큼 색다른 해석이나 새로운 자료만 계획서에 담아야 한다. 여러분이 경쟁사보다 운영 능력이 더 효율적이어야 입찰을 부치는 단체가 혜택을 얻을 때, 예를 들어 임차료를 재고 회전율과 관련해서 내는데 여러분이 매출을 더 높이 올릴 때, 이점은 특히 중요하다.

응찰할 때 사용할 양식을 받을 수도 있다. 수신하는 사람이 한 계획서를 다른 계획서와 비교하며 들이는 노력을 최소화하는 데 도움이 되기 때문이다. 구체적인 양식을 명시하지 않더라도, 입찰 공고를 보면 수신인이 요구하는 특정 질문이 나와 있을 것이다. 그 공고문을 주의 깊게 읽고 각 질문에 빠트림 없이 대답하자.

포트(Fort)는 주요 도시에 있는 대규모 예술 단지다. 극장, 공연장, 미술관, 영화관을 같은 부지에서 운영한다. 포트는 기념품 가게를 운영할 새 업체를 모집한다. 당연히 가능한 한 높은 금액

을 받길 원하지만, 명시한 목표에는 돈에 관한 내용이 전혀 없다. 목표는 다음과 같다.

- 센터의 다양한 활동과 예술 형태를 반영하는 소매점 개장.
- 센터의 후원자와 거주 단체의 취향에 맞는 소매점 개장.
- 경쟁적인 가격과 명확한 마케팅 계획 제시.

일반적으로 입찰을 주최한 조직 내 주요 인사와 친밀한 관계를 형성하는 것이 매우 중요한데, 그 이유는 다음과 같다.

- 진정한 우선순위를 이해한다.
- 누가 낙찰자를 결정하는지 알아내고 그 사람의 우선순위가 무엇인지 파악한다.
- 입찰 공고문에는 명시하지 않았지만 알아야 하는 중요한 점이 있는지 파악한다.

앞서 예를 들었듯 비재무적인 목표를 충족시켜야 할 수도 있다. 그러면 계획서 도입부에서 이런 사안을 아주 분명하게 다뤄야 한다.

포트가 내건 입찰 공고문은 다음과 같은 성명을 담고 있다.

- *계약 기간은 투자 규모에 따라 3년에서 5년이 될 것이다. 두 가지 경우를 모두 계획에 담아 제출해야 한다.*
- *최소 보장 임차료를 제시해야 한다.*
- *소매 사업자를 교체함으로써 센터가 어떻게 혜택을 얻을지 설명해야 한다.*
- *상품 범위를 자세하게 제시해야 한다.*

사업계획서를 작성하는 사람이 겪는 어려움은 이런 사항들을 매우 분명하게 언급하면서도 '이야기'처럼 설명을 이어가는 것이다. 이 문제를 푸는 기법은 이야기를 설명하듯이 계획서를 작성한 다음에 공고문에 나온 주요 사항들 및 관계자와 대화하면서 얻은 여타 정보와 대조하면서 점검하는 것이다. 입찰 공고문에서 명시한 것 외에도 무엇을 제공할 수 있는지 신중하게 생각해서, 다른 사람들과 차별화된 대답을 내놓자.

> 어느 회사는 사업 확장을 위해 소매점 부지를 물색하면서 자사의 배경을 설명한 문서를 전문적인 인쇄물로 만들었다. 소매점이 입점하길 바라는 건

> 물주들은 대체로 품위나 디자인 면에서 개발 장소에 무언가 색다른 점을 더 해줄 안정적인 세입자를 원한다. 세련됨을 갖추는 것만으로 높거나 안정적인 임차료를 넘어설 수는 없겠지만, 모든 것이 똑같을 때는 균형을 흔들 수도 있다. 문서에 신중하게 공들여 글을 쓰는 것도 중요했지만, 컬러 사진과 빼어난 디자인은 회사의 이념과 솜씨에 관한 무언가를 더 강렬하게 전달했다. 덕분에 수신인은 발신인을 틀림없이 기억했으며, 그렇지 않았다면 다른 누군가에게 넘어갔을 부지를 확보하는 데 도움이 됐을 것이다.

앞서 간단히 설명한 문서가 사업계획서라는 생각이 즉각 들지 않을 수도 있지만, 이 문서에 들어가는 아이디어는 거의 전부 조직의 사업계획서에서 직접 꺼낸 것이다. 단지 숫자만 빠졌을 뿐이다.

요약정리

- 잠재적 협력사가 무엇을 원하는지 찾자.
- 문서를 그 요구에 집중하자.
- 무관한 세부 사항은 생략하자.

부록

부록 1

비밀유지 동의서

이 동의서 예시일 뿐이다. 따라서 독자의 필요에 맞지 않거나 강제력이 없는 것으로 드러날 수도 있다. 본 저자는 이 동의서의 사용과 관련하여 그 어떤 책임도 지지 않는다. 실제 기밀 유지 동의서가 필요한 저자는 전문적인 조언을 구해야 한다.

> 담당자 귀중
>
> 귀하가 수신한 본 정보 보고서에 담긴 정보(이하 정보라 칭함)는 존 스미스(John Smith)의 자산이며 상업적으로 가치가 있다. 이 서신에 서명함으로써 XXX는 이를 인정하고 다음과 같이 약속한다.
>
> 1. 정보를 자신의 상업적 목적에 사용하지 않는다. 동의서에 서명한 일자부터 12개월간은 동종 사업체를 설립하거나 인수하지 않으며 존 스미스의 직원, 고객사, 협력사에 접근하여 상업적 협상에 착수하지 않는다.
> 2. 정보를 기밀로 한다. 정보의 전체 또는 일부가 직간접적으로 유출되

는 것을 막기 위해 최선을 다하되, 존 스미스의 인수 제안을 담당하는 당사 직원과 전문 자문 위원은 예외로 한다. 직원이나 전문 자문 위원은 이 동의서와 같은 사항을 존 스미스에게 약속한 다음에만 정보 전체 또는 일부를 열람할 수 있다.

3. 허가 없이 정보의 사본을 만들지 않으며, 존 스미스가 요청할 시 문서를 반환하거나 사본 및 발췌본을 만들었다면 파쇄해야 한다.

서명인은 이 약속을 위반할 시 적법한 제재를 받을 수 있음을 인정한다.
XXX는 본인이나 다른 직원, 전문 자문가가 이 약속을 위반하여 발생하는 행동이나 소송, 비용, 지출, 법적 손해, 손실, 지급에 대해 존 스미스에게 배상해야 한다.
이 동의서의 조항은 이 약속을 위반하여 공개된 것이 아닌, 이미 공공 영역에 있는 정보에는 적용되지 않는다.
양측 서명인은 이 약속이 영국법의 적용을 받는다는 점에 동의한다.

존 스미스 드림,

존 스미스 날짜: 0000년 00월 00일
XXX사의 짐 존스(Jim Jones)는
위 사항에 동의함 날짜: 0000년 00월 00일

이익과 현금흐름 조정

다음 표는 단순한 사업에서 이익과 현금 흐름을 어떻게 조정해야 하는지 보여준다. 이런 내용이 낯선 사람에게는 숫자가 상당히 어지럽게 널려 있는 것처럼 보일 수도 있으니, 함께 살펴보자.

열 12개는 이 사업의 회계 연도에 매달 발생한 현금 흐름을 보여준다. 우연히도 1월에서 12월까지다. 실제로 사업마다 회계 연도는 제각각이며 어느 달에든 끝날 수 있다. 13번째 열은 월별 합계이며 당해 현금 흐름을 보여준다. 그다음 열은 손익계정을 보여주는데 비교를 위한 것이며, 마지막 열은 당해 현금과 이윤의 차이를 보여준다.

첫 번째 질문은 왜 현금과 이윤 열에 나온 매출에 차이가 있는가이다. 신용거래 때문이다. 어떤 달에 발생한 매출은 사실상 그 다음 달에 돈을 받는다. 마찬가지로 공급사에도 그다음 달에 돈을 내기 때문에 여기서도 차이가 발생한다. 사업체의 대차대조표를 보면 운전 자본이라는 항목 아래 이 두 가지 차이가 매출채권과 매입채무라는 과목명으로 나타나 있다. 나는 이 사업을 단

	1월	2월	3월	4월	5월	6월	7월	8월	9월	10월	11월	12월	연	손익계정	현금흐름과 이익 차이
영업활동으로 인한 현금 흐름															
매출	70	65	75	80	80	70	85	85	95	110	125	175	1,115	1,130	15
매출 원가	–79	–32	–29	–34	–36	–36	–32	–38	–38	–43	–50	–56	–502	509	–7
														45%	
총이윤														622	
인건비	–140	–140	–140	–140	–140	–140	–140	–140	–140	–140	–140	–140	–170	170	0
부동산비용	–70	–70	–280	–70	–70	–280	–70	–70	–280	–70	–70	–280	–170	170	0
기타간접비	–60	–60	–60	–60	–60	–60	–60	–60	–60	–60	–60	–60	–68	68	0
이자 비용			-4			-7			-6			-2	-19	19	
														426	
기타활동으로 인한	–36	7	–6	19	17	–21	27	20	3	40	49	69	187		
현금 흐름							-40								
새 컴퓨터 투자													-40		
새 컴퓨터								30					30		
구매 목적 대출															
세금						-50							-50		
총 현금	–36	7	–6	19	17	–71	–13	50	3	40	49	69	127		
감가상각비														84	
세전 이윤														112	

순화했다. 따라서 1년 동안 재고 수준에는 변화가 없으며, 부동산비용이나 인건비를 비롯한 다른 비용에도 시차가 없다. 실제 사업에서는 이런 부분에 차이가 발생할 것인데, 운전 자본 변화에서 전부 볼 수 있다.

표 바닥으로 가면 새 컴퓨터 투자, 새 컴퓨터 구매 목적 대출, 세금 과목이 있다. 앞선 두 과목은 실제로 현금을 사용했음에도 손익계정에서는 보이지 않는데, 고정 자산과 사업용 대출로 들어가지 이윤에 속하지 않기 때문이다. 세 번째 과목인 세금은 보통 손익계정에 나타난다. 하지만 나는 혼동을 막기 위해 표를 단순화하려고 노력하고 있으므로 손익계정에 세금을 표시하지 않았다. 나는 세금이 나오기 전에 손익계정을 잘라 버렸는데, 보통 전년도에 발생한 이윤에 대해 세금을 내므로 손익계정과 현금흐름의 세금 과목에 차이가 발생할 것이기 때문이다.

그러면 연도를 나타내는 두 열을 조정해보자.

이익	4
감가상각비 합산	112
	84
	196
자산 및 부채 조정	−60
	136
운전 자본 조정	−8
	128

그런데 현금 흐름 열에 나온 값은 127인데 조정한 합계는 128이다. 왜 그럴까? 숫자를 소수점 서너 자리까지 보여주는 것이 아니라면 대개 반올림 오차가 생길 것이기 때문이다. 나는 지나치게 명백한 정확함을 보여주는 것은 도움이 안 되며 반올림 오차가 생가게 놔두는 것이 낫다고 생각한다. 숫자가 너무 많으면 이해가 잘 되기보다는 혼란스러우며, 거의 필요 없는 수준까지 정확도를 나타낸다.

부록 3

현금 예측

두 가지 큰 비밀이 있다. 현금 예측은 어렵지 않으며 자격 있는 회계사가 꼭 필요하지는 않다. 자, 비밀이 탄로 났다.

사업에 현금이 부족하거나 어려운 시기를 겪고 있다면 현금 예측이 특히나 중요하다. 현금 예측이 중요한 이유는 공급사에 대금을 치르거나 직원에게 임금을 주거나 세금을 낼 돈이 단 며칠이라도 없으면 심각한 결과를 초래하기 때문이다. 거래를 못 할 수도 있고, 공급사 측에서 공급을 거절하거나 신용거래를 중단할 수도 있고, 전기와 수도가 끊길 수도 있고, 관재인이 상품을 압류할 수도 있고, 은행가가 신용공여를 철회할 수도 있고, 최악은 사업이 파산 선고를 받을 수도 있다.

여러분이 현금 예측 표를 만들고 싶다면 이 부록에서 방법을 설명해줄 것이다. 가장 쉬운 방법은 스프레드시트에 만드는 것이지만, 종이에 선을 긋고 연필과 계산기를 이용해도 무방하다. 펜보다는 연필이 나은데, 바꾸고 지울 부분이 나오기 마련이기 때문이다.

무엇이 필요한가?

여러분이 필요한 것은 이렇다. 신중한 매출 예측, 자세한 채권 내용, 작년분 사업체 입출금 명세서, 언제 어떤 대금을 내야 하는지와 고객한테 언제 어떤 대금을 받아야 하는지 자세히 기록한 회계장부, 어젯밤 은행 잔액.

예측에 관해 한마디 하겠다. 매출을 얼마나 달성할지, 언제 그 매출을 달성할지, 무엇보다도 언제 매출에 대한 돈을 받을지 최선을 다해 추측하자. 신중하되 어리석을 정도로 신중하진 말자. 사업을 예측할 때 가장 나쁜 상황만 고려한다면 대부분 결과는 파산일 것이다.

받아야 하는 금액을 살펴볼 때는 조심해야 한다. 해결되지 않은 분쟁이나 돈을 늦게 내는 고객이 있는지 생각하자. 여러분이 소매업자라면 신용카드 회사는 매출이 발생한 며칠 뒤에 수수료를 제하고 여러분 은행 계좌로 돈을 보내 준다는 점을 기억하자.

입출금 내용을 보면 정기이체와 자동이체 대금을 언제 치르고 보통 얼마나 치르는지 알 수 있다. 은행 이자나 수수료 같은 요금도 잊지 말자.

예측은 어떤 모습인가?

예측은 두 부분으로 나뉜다. 현금 유입과 현금 유출이다. 다음의 예를 살펴보자.

	기간1	기간2	기간3
매출	10	20	30
비용	-5	-25	-15
순 유입/유출	5	-5	15
개시 은행 잔액	5	10	5
결산 은행 잔액	10	5	20

현금 흐름은 연도별, 분기별, 월별, 심지어 일별로도 계산할 수 있다. 왜 일일 현금을 예측하려 할까? 여러분이 단 하루 동안, 조금이라도 당좌차월 한도를 초과한다면, 은행은 지불금을 내주길 거절할 수도 있다. 이런 일이 한 번이라도 일어나면 은행은 여러분에게 제공하는 신용공여를 재평가하고 재고할 수도 있다. 다음 주 중에 현금이 부족한데, 다음 달 말이나 다음 주 말에 현금이 많이 들어올 것이라 봐야 소용이 없다. 사실 은행 지점장에게 확신을 주고 은행을 설득해서 일시적으로 신용공여액을 높일 수 있다면 소용이 있을지도 모르는데, 이는 현금 흐름이 얼마나 중요한지 증명한다.

앞서 나는 매출과 비용을 뭉뚱그려서 보여줬다. 이는 단순화한 형태인데, 여러분은 이보다는 더 자세한 내용을 넣고 싶을 것이다. 얼마나 자세하게 작성할지는 여러분 사업이 얼마나 복잡한지, 얼마나 정확하게 표현해야 하는지에 따라 다를 것이다. 나는 항상 비용을 종류별로 묶어서 대개 공급사별로 보여줬다. 세금과 전문가 자문료, 공과금, 구독료, 운송료도 잊지 말자. 무엇이 중요한가는 사업마다 다르다. 스프레드시트 하나에 담기에 목록이 길고 너무 복잡하다면 언제든지 주요 개요용 스프레드시트를 하나 더 만들어서 기간 합계를 옮겨적자. 매출에 대해서도 똑같은 의견을 적용하자. 그러면 다음과 같은 표가 나온다.

	기간1	기간2	기간3
매출			
고객1	10	10	10
고객2	0	10	10
고객3	5	0	10
합계	15	20	30
비용			
재고 구매	-3	-5	-7
임금 외	-5	-5	-5
부동산비용		-10	
간접비	-2	-3	-3
부가가치세 및 기타 세금		-2	
합계	-10	-25	-15
순 유입/유출	5	-5	15
개시 은행 잔액	5	10	5
결산 은행 잔액	10	5	20

매출 예측

현금 예측을 좌우하는 주요 동인은 매출 예측으로, 여러분은 언제 돈을 받느냐에 따라 매출 예측을 조정해야 한다. 여러분은 30일, 60일, 90일짜리 신용거래를 할 수도 있다. 신용으로 판매했지만, 외상 매출채권을 팔아서 일부 현금을 더 일찍 구할 수도 있다. 악성 부채와 신용 보험에 대해서도 생각해야 한다. 매출 예측을 현금 흐름으로 전환하는 과정에서는 이 모든 세부 사항을 고려해야 한다. 여러분은 고객마다 신용 조건을 다르게 제시했다는 사실을 기억하자. 덕분에 복잡해 보일 수도 있지만, 사실은 훈련 문제에 지나지 않는다. 다양한 매출 예측과 지급 조건에 따라 고객을 나열하는 데는 시간이 걸리지만, 매출 예측과 현금 흐름을 서로 전환하는 일은 어렵지 않다. 어려운 것은 원래 매출 예측이다.

나는 다음 달 첫 일에 지급하는 30일짜리 신용거래를 예시로 들었다. 여러분은 제날짜에 대금을 내고 고객한테는 며칠 늦게 돈을 받는다고 가정하는 것이 아마 제일 안전할 것이다. 믿어라. 늦는 고객이 있을 것이다.

	기간1	기간2	기간3	기간4	기간5
매출					
고객1	10	10	5	10	20
고객2	15	15	20	20	20
고객3	20	10	20	25	25
합계	**45**	**35**	**45**	**55**	**65**
현금					
고객 A (30일)		10	10	5	10
고객 B (60 일)			15	15	20
고객 C (90일)			25	20	10
합계	0	10		**40**	**40**

예측 점검

예측한 내용은 어떻게 점검할까? 여러분은 무언가 중요한 것을 빠뜨렸을 수도 있다. 잊어버리거나 전혀 생각지도 않은 비용이 있을 수도 있다.

지난 관리계좌와 예산안을 살펴보자. 비용 분류를 비교했을 때 합리적으로 보이는가? 주요 비율도 계산하자. 매출대비 인건비가 항상 33%가량이었는데, 예측에서 25%로 나타났다면 아마 여기서 실수를 저질렀을 것이다.

무엇을 할 수 있나?

예측에서 보여주는 기간 중 은행 잔액이 당좌차월액은 3만 5천 파운드인데 신용공여액이 3만 파운드 밖에 안 되는 때가 있다고 하자.

우선 가정을 재검토하라. 추정을 개괄적으로 했다면, 매우 자세하게 들여다보고 숫자를 정제하려 해보자. 그런데도 차이가 없다고 해보자. 현금 예측은 사업계획서에 꼭 필요한 요소라는 점을 기억하자. 여러분은 사업계획서에서 사업의 주요 동인과 위험에 관해 이야기할 것이다. 현금 예측 결과 돈이 더 필요하다면 여러분은 자금을 더 조달하든 주어진 재원 내에서 존속할 수 있도록 계획을 수정해야 한다.

완벽하고 성공적인 사업계획서의 정석

초보 창업자와 직장인을 위한 사업계획서 쓰는 법

1판 2쇄 2020년 10월 19일

발행처 유엑스리뷰

발행인 현명기

지은이 브라이언 핀치

옮긴이 소슬기

주소 부산시 해운대구 센텀동로 25, 104동 804호

팩스 070.8224.4322

등록번호 제333-2015-000017호

이메일 uxreviewkorea@gmail.com

ISBN 979-11-88314-25-6